書いて覚える！

社会福祉士国試ナビ
穴埋めチェック
2025

いとう総研資格取得支援センター［編集］

中央法規

まえがき

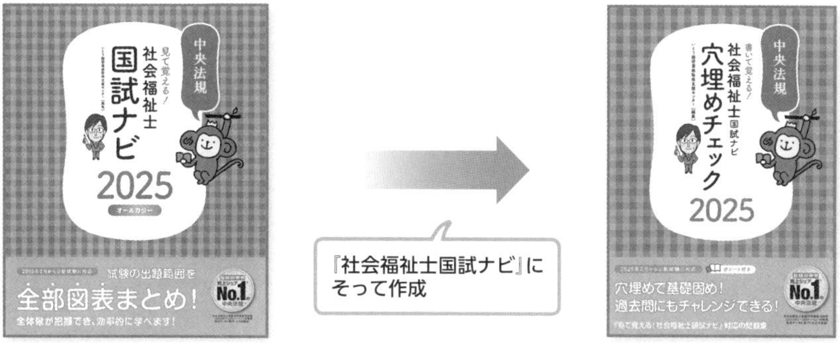

『社会福祉士国試ナビ 2025』

『社会福祉士国試ナビ
穴埋めチェック 2025』

社会福祉士国家試験は、第 37 回試験より新出題基準により出題されます。試験科目や出題数の変更など多くの改正が予定されています。

本書は、『見て覚える！ 社会福祉士国試ナビ 2025』（以下、『国試ナビ』）の問題集として作成したもので、新出題基準の内容を反映させて再編いたしました。

第 36 回試験では、合格率が 58％と大幅に上昇し、合格基準も 6 割の得点で合格できる試験となりました。内容も「基本事項」から多くの問題が出題されています。これからの試験では「基本事項」を確実に理解することが、合格への近道となります。

本書はその「基本事項」を効果的に押さえることができるように、『国試ナビ』に沿って作成し、科目間の重複を除いた形で編成しています。

本書が受験生のお役に立てることを願っています。

本書の刊行にあたり、ご担当の恒川未希子氏をはじめ、中央法規出版の方々には大変お世話になりました。心より感謝いたします。

令和 6 年 7 月

編集代表　伊東利洋

目次

第2章 社会の仕組みを理解する科目

第3章 利用者を理解する科目

第4章 社会福祉士の仕事を理解する科目

第5章 まとめて整理

資料編 入れ替え問題対策

序章

社会福祉士
国家試験について

i 本書の活用方法

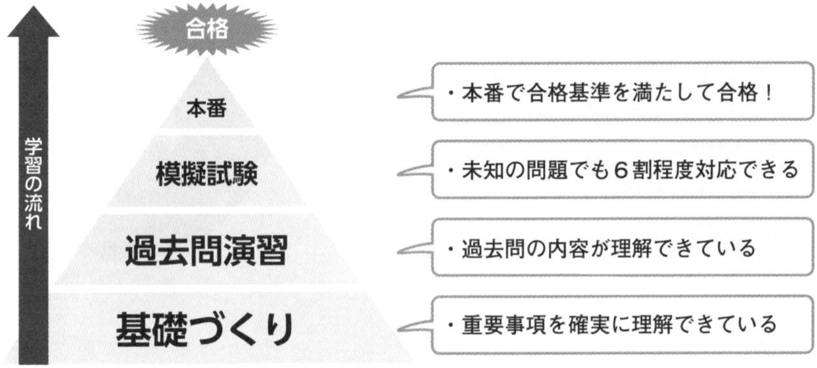

受験対策は一般的に、「基礎づくり」⇒「過去問演習」⇒「模擬試験」⇒「本番」という流れだといわれています。
社会福祉士試験は、「早く」「正確に」解かなければならない試験ですので、「基礎づくり」が最も重要な作業だといえます。
本書は、その「基礎づくり」をサポートする教材です。『国試ナビ』とリンクしていますので、「体系的」に基礎づくりができるようになっています。

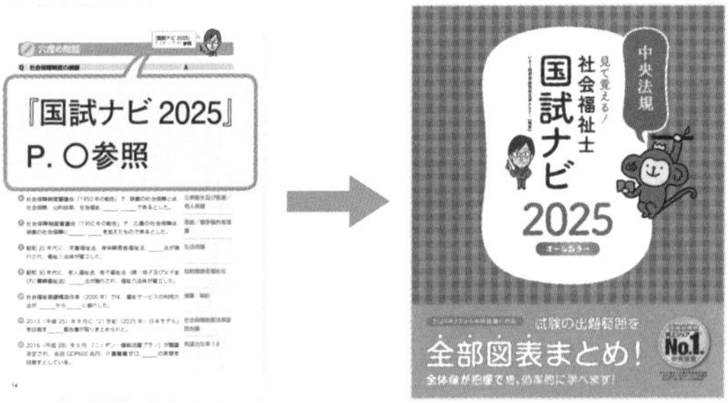

WEB講座もあるよ！
詳細は巻末参照

本書に「『国試ナビ 2025』P. ○○参照」という記載をしています。また、本書では、法律名を略称で記載していることがあります。正式名称等は、『国試ナビ 2025』を参照してください。

1

第１章　社会保障制度を理解する科目

社会保障制度

B
★★☆

この単元の重要度を３段階で評価

直近５年間の出題実績を分析し
第 37 回試験の出題数を予想

出題傾向

	項　目	主に出題される科目	第 37 回試験予想出題数	出題内容
1	**社会保障の概要**	④社会福祉の原理と政策 ⑤社会保障	**3**	○社会保障の機能 ○社会保障の変遷 ○福祉レジーム ○分配の正義 ○市場 ○普遍主義と選別主義 ○ニード ○相互扶助　など

『国試ナビ 2025』
P.24 ～ P.41 参照

穴埋め問題

『国試ナビ』の参照頁で
しっかり復習

Q　社会保障制度の概要

❶ 日本の社会保障は、共助が自助を支え、自助・共助で対応できない場合に公的扶助等の＿＿＿が補完する仕組みである。　公助

❷ 社会保障制度は、＿＿＿と＿＿＿に大別される。　社会保険／社会扶助

試験で問われやすい
ポイントを穴埋め形式に

赤シートを使えば
繰り返しの学習が可能

❸ 社会保険 ＿＿＿保険、＿＿＿保険 ＿＿＿保険の５種類

❹ ＿＿＿保険では、各個人が自由に制度に加入・脱退することは認められていない。　社会

単元ごとのポイント解説

ワンポイントアドバイス

社会保障制度は、難問が多く出題予想が難しい単元ですが、繰り返し出題される事項は押さえておきましょう。

ii 社会福祉士試験　受験状況

社会福祉士試験は、年 1 回実施され、今まで 36 回実施されました。第 36 回試験の受験者数は 3 万 4539 人、合格率は 58.1% でした。

受験者数と合格率の推移

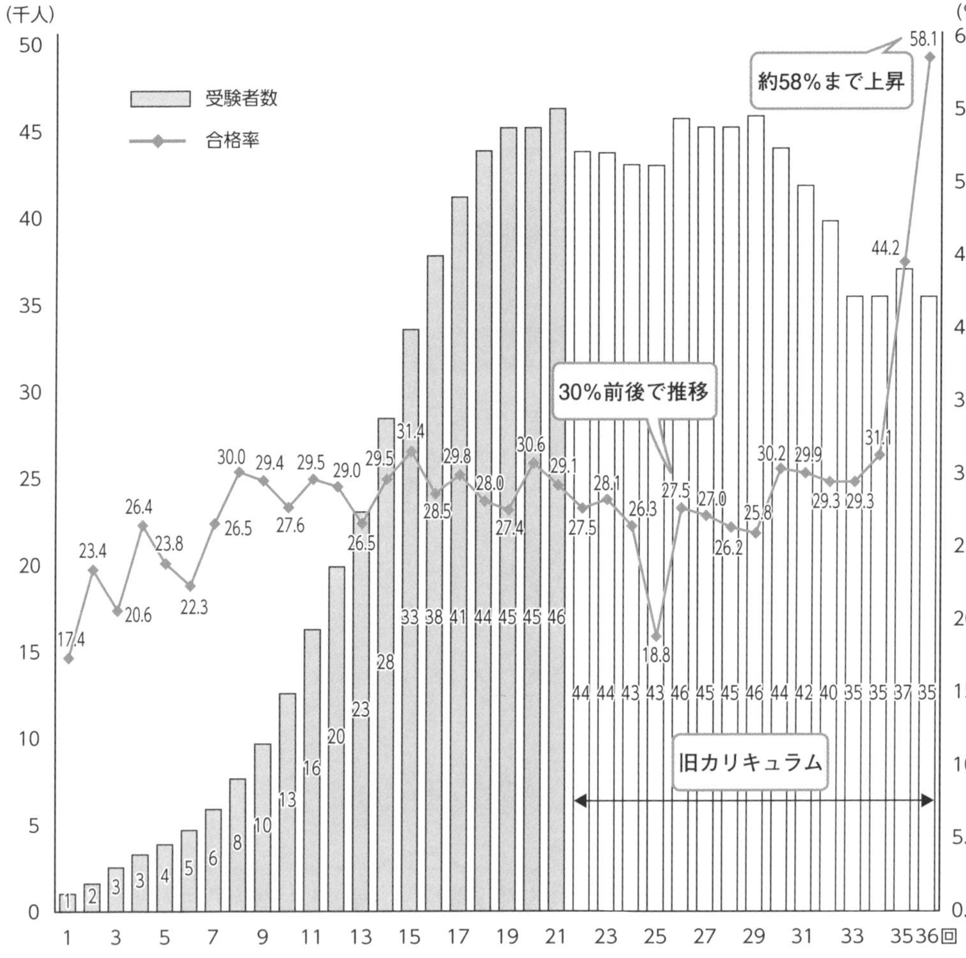

iii 「試験科目」の分析

		科目名	出題数		科目群
共通科目	1	医学概論	6	84	①
	2	心理学と心理的支援	6		
	3	社会学と社会システム	6		
	4	社会福祉の原理と政策	9		②
	5	社会保障	9		
	6	権利擁護を支える法制度	6		
	7	地域福祉と包括的支援体制	9		③
	8	障害者福祉	6		
	9	刑事司法と福祉	6		
	10	ソーシャルワークの基盤と専門職	6		④
	11	ソーシャルワークの理論と方法	9		
	12	社会福祉調査の基礎	6		
専門科目	13	高齢者福祉	6	45	⑤
	14	児童・家庭福祉	6		
	15	貧困に対する支援	6		
	16	保健医療と福祉	6		
	17	ソーシャルワークの基盤と専門職（専門）	6		⑥
	18	ソーシャルワークの理論と方法（専門）	9		
	19	福祉サービスの組織と経営	6		
合　計			129		※6群全てに得点が必要

第37回試験から、新科目の試験が始まります。新科目では19科目129問の試験となり、科目構成が大きく変更になります。

iv 「合格基準」の分析

合格基準

①②の両方を満たすこと

①問題の総得点の60％程度を基準として、問題の難易度で補正した点数以上の得点の者

②「6の科目群（専門科目のみは2の科目群）」すべてに得点があった者

過去の合格基準

共通科目+専門科目の受験者　150点満点

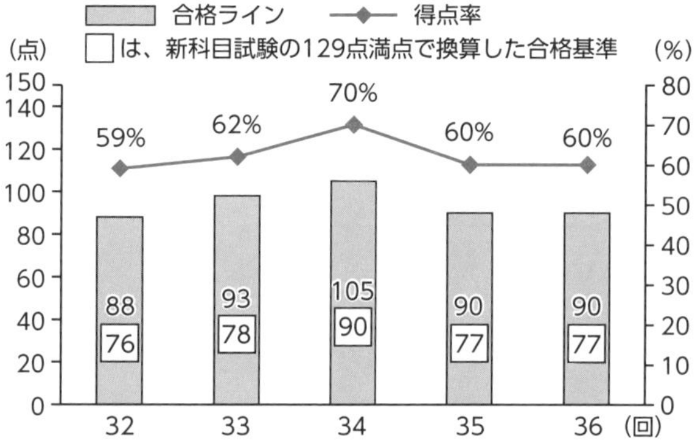

専門科目のみの受験者　67点満点

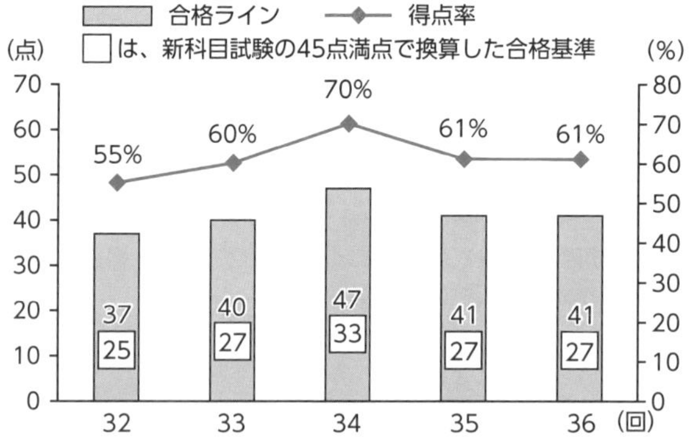

V 「出題傾向」の分析

大区分		中区分		重要度	番号	小区分	共通専門	主に出題される科目
社会保障制度を理解する科目	社会保険	1	社会保障制度	B	1	社会保障の概要	共	④原理、⑤保障
					2	社会保険・社会福祉の概要	共	⑤保障
					3	社会保障と財政	共	⑤保障、⑦地域
		2	医療保険	A	4	医療保険	共・専	⑤保障、⑯医療
					5	国民医療費・診療報酬	専	⑯医療
					6	医療法	専	⑯医療
					7	保健制度	専	①医学、⑭児童、⑯医療
		3	年金保険	B	8	年金保険	共	⑤保障
		4	労災保険／労働関係法規	B	9	労災保険	共	⑤保障
					10	労働関係法規	専	⑲組織
		5	雇用保険／育児・介護休業	B	11	雇用保険	共	⑤保障
					12	育児・介護休業法	共	⑬高齢、⑲組織
		6	介護保険	A	13	介護保険	共・専	⑤保障、⑬高齢
	社会福祉	7	社会福祉の概要	B	14	社会福祉法	共	④原理、⑤保障
					15	社会福祉協議会	共	⑦地域
		8	老人福祉	B	16	老人福祉法	専	⑬高齢
					17	高齢者福祉に関するその他の制度	専	⑬高齢
		9	障害者福祉	A	18	障害者福祉	共	⑧障害
					19	障害者総合支援法	共	⑧障害
					20	障害児支援	専	⑧障害、⑭児童
		10	児童・家庭福祉	A	21	児童・家庭福祉	専	⑭児童
					22	子ども・子育て支援法	専	⑭児童
					23	母子・父子・寡婦福祉	専	⑭児童
		11	公的扶助	A	24	生活保護の概要	専	⑤保障、⑮貧困
					25	生活困窮者支援	専	⑦地域、⑭児童、⑮貧困
					26	社会手当	専	⑤保障、⑭児童
		12	行政計画	B	27	福祉計画	共・専	⑦地域、⑧障害、⑬高齢、⑭児童
					28	保健・医療に関する計画	専	⑯医療

大区分		中区分		重要度	番号	小区分	共通専門	主に出題される科目
社会保障制度を理解する科目	関連制度	13	虐待	B	29	高齢者虐待	共・専	⑥権利、⑬高齢
					30	障害者虐待	共	⑥権利、⑧障害
					31	児童虐待	共・専	⑥権利、⑭児童
					32	ＤＶ	専	⑭児童
		14	権利擁護	B	33	成年後見制度	共	⑥権利
					34	日常生活自立支援事業	共	⑥権利
		15	更生保護	A	35	刑事司法と少年司法	共	⑨司法
					36	更生保護制度	共	⑨司法
					37	医療観察制度	共	⑨司法
		16	実施機関と専門職	A	38	行政機関	共・専	⑥権利、⑦地域、⑧障害、⑬高齢、⑭児童、⑮貧困、⑯医療
					39	専門職	共・専	
		17	法学	B	40	憲法	共	⑥権利
					41	民法	共	⑥権利
					42	行政法	共	⑥権利
社会の仕組みを理解する科目		18	個人・家族	B	43	個人	共	③社会、⑤保障、⑦地域
					44	家族・世帯	共	③社会、⑦地域
		19	社会学	B	45	社会システム	共	③社会、④原理、⑦地域
					46	地域福祉	共	③社会、④原理、⑦地域
					47	社会問題	共	③社会、④原理、⑭児童
					48	グローバリゼーション	共	③社会、④原理、⑦地域
		20	組織と経営	B	49	組織と経営理論	専	⑲組織
					50	サービス管理・リーダーシップ	専	⑲組織
		21	法人	B	51	社会福祉法人／医療法人／ NPO 法人	専	⑦地域、⑲組織
利用者を理解する科目		22	医学	B	52	発達と老化	共	①医学
					53	人体の構造と機能	共	①医学
					54	疾病と障害	共	①医学
					55	リハビリテーション	共	①医学
		23	心理	B	56	学習 / 記憶	共	②心理
					57	感覚 / 知覚 / 認知	共	②心理
					58	欲求 / 適応 / ストレス	共	②心理
					59	発達	共	②心理
					60	心理療法と心理検査	共	②心理
					61	知能 / 人格 / 集団	共	②心理

大区分	中区分		重要度	番号	小区分	共通専門	主に出題される科目
社会福祉士の仕事を理解する科目	24	ソーシャルワーク	A	62	ソーシャルワークの定義	共・専	⑩、⑰基盤 ⑪、⑱理論
				63	ソーシャルワークの理論	共・専	
				64	ソーシャルワークの実践モデルとアプローチ	共・専	
				65	ソーシャルワークの過程	共・専	
				66	ケアマネジメント	共・専	
				67	グループワークとコミュニティワーク	共・専	
				68	スーパービジョン / 記録	共・専	
	25	社会調査	A	69	社会調査の概要	共	⑫調査
				70	量的調査	共	⑫調査
				71	質的調査	共	⑫調査
まとめて整理	26	歴史・海外・人名	C	72	歴史	共・専	④原理、⑤保障、⑦地域、⑧障害、⑬高齢、⑭児童、⑮貧困
				73	諸外国の歴史と社会保障	共	④原理、⑤保障、⑰基盤
				74	人名	共・専	③社会、④原理、⑩基盤、⑪理論

共 … 主に共通科目で出題　専 … 主に専門科目で出題　共・専 … 共通科目・専門科目の両方で出題

共通科目

1	医学概論（①医学）
2	心理学と心理的支援（②心理）
3	社会学と社会システム（③社会）
4	社会福祉の原理と政策（④原理）
5	社会保障（⑤保障）
6	権利擁護を支える法制度（⑥権利）
7	地域福祉と包括的支援体制（⑦地域）
8	障害者福祉（⑧障害）
9	刑事司法と福祉（⑨司法）
10	ソーシャルワークの基盤と専門職（⑩基盤）
11	ソーシャルワークの理論と方法（⑪理論）
12	社会福祉調査の基礎（⑫調査）

専門科目

13	高齢者福祉（⑬高齢）
14	児童・家庭福祉（⑭児童）
15	貧困に対する支援（⑮貧困）
16	保健医療と福祉（⑯医療）
17	ソーシャルワークの基盤と専門職（専門）（⑰基盤）
18	ソーシャルワークの理論と方法（専門）（⑱理論）
19	福祉サービスの組織と経営（⑲組織）

第1章

社会保障制度を理解する科目

社会保障制度

B
★★☆

出題傾向

	項　目	主に出題される科目	第37回試験予想出題数	出題内容
1	**社会保障の概要**	④社会福祉の原理と政策 ⑤社会保障	**3**	○社会保障の機能 ○社会保障の変遷 ○福祉レジーム ○分配の正義 ○市場 ○普遍主義と選別主義 ○ニード ○相互扶助　など
2	**社会保険・社会福祉の概要**	⑤社会保障	**2**	○社会保険や社会福祉の概要 ○サービス利用方式　など
3	**社会保障と財政**	⑤社会保障 ⑦地域福祉と包括的支援体制	**2**	○社会保障給付費 ○社会保障財源 ○国家予算 ○地方財政 ○所得格差

社会保障制度は主に「社会福祉の原理と政策」「社会保障」「地域福祉と包括的支援体制」などで出題され、難易度の高い問題が多いのが特徴です。基本事項が出題された場合は得点できるようにしましょう。

『国試ナビ 2025』
P.24 ～ P.41 参照

穴埋め問題

Q　社会保障制度の概要	A
❶ 日本の社会保障は、共助が自助を支え、自助・共助で対応できない場合に公的扶助等の_____が補完する仕組みである。	公助
❷ 社会保障制度は、_____と_____に大別される。	社会保険／社会扶助
❸ 社会保険は、年金保険、医療保険、_____保険、_____保険、_____保険の 5 種類ある。	雇用／労災／介護
❹ _____保険では、各個人が自由に制度に加入・脱退することは認められていない。	社会
❺ _____は防貧的な機能をもち、公的扶助は救貧的な機能がある。	社会保険

Q　社会保障制度の変遷	A
❻ 社会保障制度審議会「1950 年の勧告」で、狭義の社会保障とは、社会保険、公的扶助、社会福祉、_____、_____であるとした。	公衆衛生及び医療／老人保健
❼ 社会保障制度審議会「1950 年の勧告」で、広義の社会保障は、狭義の社会保障に_____、_____を加えたものであるとした。	恩給／戦争犠牲者援護
❽ 昭和 20 年代に、児童福祉法、身体障害者福祉法、_____法が施行され、福祉三法体が確立した。	生活保護
❾ 昭和 30 年代に、老人福祉法、母子福祉法（現・母子及び父子並びに寡婦福祉法）、_____法が施行され、福祉六法体が確立した。	知的障害者福祉法
❿ 社会福祉基礎構造改革（2000 年）では、福祉サービスの利用方法が、_____から_____に移行した。	措置／契約
⓫ 2013（平成 25）年 8 月に「21 世紀（2025 年）日本モデル」を目指す_____報告書が取りまとめられた。	社会保障制度改革国民会議
⓬ 2016（平成 28）年 6 月、「ニッポン一億総活躍プラン」が閣議決定され、名目 GDP600 兆円、介護離職ゼロ、_____の実現を目指すとしている。	希望出生率 1.8

Q	A
⑬ 全世代型社会保障改革の方針（2020（令和 2）年）では、人生100 年時代の到来を見据えて、______型社会保障の構築を目指すとしている。	全世代

Q 福祉レジーム	A
⑭ エスピン・アンデルセン（Esping-Andersen, G.）は、福祉レジームを、自由主義レジーム、保守主義レジーム、______レジームに分類した。	社会民主主義
⑮ ______は、個人又は家族が労働市場参加の有無にかかわらず社会的に認められた一定水準の生活を維持することがどれだけできるか示す指標である。	参加支援指標（脱商品化）

Q 分配の正義（公正）	A
⑯ 一人ひとりが全く同一の量の富を所有するように分配するという考え方を______平等という。	絶対的（数量的）
⑰ ニーズ（必要）充足のために平等な資源の量を分配すべきであるという考え方を______原則と呼ぶ。	必要
⑱ ロールズ（Rawls, J.）が『正義論』で主張した______は、最も恵まれない人が有利となるような資源配分は、正義にかなうとしている。	格差原理

Q 市場	A
⑲ ______市場は、医療・福祉など公的サービスにおいて、意図的につくり上げた市場のことである。	準（疑似）
⑳ 公共政策においても、「経営理念」や「経営手法」といった民間経営手法を導入して公共サービスの質の向上を図る行政改革手法を______という。	ニュー・パブリック・マネジメント（NPM）
㉑ 公共サービスの民営化の具体的方策として、サービス供給主体の決定に、官民競争入札及び民間競争入札制度を導入する______がある。	市場化テスト
㉒ ______は、希少な資源を、市場メカニズムを用いずに、必要とする人々に供給するための方法である。	ラショニング（配給・割当）

Q　普遍主義と選別主義	A
㉓ _____主義は、均一給付で資力に関係なく福祉サービスが受給できるという考え方である。	普遍
㉔ _____主義は、資力調査などにより福祉サービスを必要とする者を選び出してサービスを提供するという考え方である。	選別

Q　ブラッドショー（Bradshaw, J.）のニード	A
㉕ _____は、本人がサービスの必要性を自覚したニードである。	フェルト・ニード（感得されたニード）
㉖ _____は、ニードをもっている個人ではなく、社会福祉専門職や行政職員などが必要性を判断するニードである。	ノーマティブ・ニード（規範的ニード）

Q　日本における相互扶助	A
㉗ _____は無尽とも呼ばれ、共済的・金融的機能を持ち、経済的救済を目的とした組織のことをいう。	頼母子講《たのもしこう》
㉘ _____は、江戸幕府の下で町人の負担する町の経費を節約した額の中から積立てをして、貧民や孤児を救済した制度のことをいう。	七分積金《しちぶんつみきん》制度
㉙ 屋根葺きや田植えなどに際して労力を交換し合う慣習を_____という。	ユイ（結）

Q　シティズンシップ	A
㉚ マーシャル（Marshall, T. H.）は、シティズンシップを、市民的権利、政治的権利、_____権利に分けた。	社会的

Q　政策評価	A
㉛ 政策評価の目的は、効果的・効率的な行政の推進及び_____責任を全うされるようにすることである。	国民への説明
㉜ 政策評価の方式は、事業評価、実績評価、_____評価がある。	総合

Q　サービス利用方式	A
㉝ 利用者が社会福祉援助を受けるための手続きは、_____制度と_____制度がある。	措置／利用契約

Q	A
㉞ 措置制度で利用する施設は_____などがある。	養護老人ホーム、保護施設、児童養護施設
㉟ 行政との契約により利用する施設は_____などがある。	母子生活支援施設

Q 社会保障給付費（2021（令和3）年度）	A
㊱ 社会保障給付費は、約_____兆円である。	139
㊲ 社会保障給付費の部門別内訳は、年金_____%、医療_____%、福祉_____%である。	40／34／26
㊳ 社会保障給付費の機能別内訳は、高齢_____%、保健医療_____%、家族_____%の順である。	42／33／9
㊴ 社会保障給付費が国内総生産（GDP）比は約_____%、国民所得比は_____%である。	25／35
㊵ 社会保障財源の内訳は、社会保険料が_____%、公費が_____%を占める。	46／40
㊶ 日本とフランスの社会支出の対国内総生産比は、_____の方が高い。	フランス

Q 制度別の費用負担割合	A
㊷ 基礎年金の国の負担割合は、_____である。	2分の1
㊸ 生活保護費の国の負担割合は、_____である。	4分の3

Q 国と地方の財政（2022（令和4）年度）	A
㊹ 国・地方を通じた目的別歳出額構成比を見ると、_____費が最も大きな割合を占めている。	社会保障関係
㊺ 国と地方では、公債費の支出額は、_____の方が多い。	国
㊻ 国内総生産（GDP）で、政府部門が占める割合は約_____%である。	27

47 国内総生産に占める中央政府と地方政府の割合は、地方政府が中央政府の約＿＿＿倍となっている。	2.5

Q 国家予算（2024（令和 6）年度）	A
48 一般会計に占める社会保障関係費の占める割合は約＿＿＿%で最も高く、次いで国債費、地方交付税交付金の順となっている。	33
49 社会保障関係費の内訳は＿＿＿が 36％で最も高く、次いで＿＿＿が 32%、生活扶助等社会福祉費が 12%、介護が 10%、少子化対策が 9%である。	年金／医療
50 租税及び印紙収入の内訳は＿＿＿税、＿＿＿税、＿＿＿税の順に多い。	消費／所得／法人

Q 地方財政（2022（令和 4）年度）	A
51 地方財政の歳出純計額では、＿＿＿費が最も高い。	民生
52 市町村の民生費の内訳では、目的別では＿＿＿費が最も高く、性質別では＿＿＿費が最も高い。	児童福祉／扶助
53 都道府県の民生費の内訳では、目的別では＿＿＿費が最も高く、性質別では＿＿＿費等が最も高い。	老人福祉／補助
54 介護保険法に基づく介護給付費など国が地方公共団体と共同で行う事業に対して一定の負担区分に基づいて義務的に負担するものを＿＿＿という。	国庫負担金

Q 所得格差	A
55 ジニ係数は、0 から 1 までの値で表し、その数値が＿＿＿ほど、所得分布が不平等であることを表す。	大きい
56 社会保障の所得再分配機能のうち、生活保護制度など所得の高い者から低い者へ再分配することを、＿＿＿的所得再分配機能という。	垂直

ワンポイントアドバイス

社会保障制度は、難問が多く出題予想が難しい単元ですが、繰り返し出題される事項は押さえておきましょう。

5肢選択問題

Q1 社会保険と公的扶助の特質について正しいものはどれか。1つ選べ。

1. 公的扶助は防貧的な機能をもつ。
2. 公的扶助は個別の必要に応じて給付を行う。
3. 社会保険の給付は、実施機関の職権により開始される。
4. 社会保険では原因のいかんを問わず、困窮の事実に基づいて給付が行われる。
5. 公的扶助は、保険料の拠出を給付の前提条件としている。

A 2

1、5は社会保険の特質、3、4は公的扶助の特質である。

Q2 社会保険の保険者について正しいものはどれか。1つ選べ。

1. 国民年金の保険者は、日本年金機構である。
2. 介護保険の保険者は、国である。
3. 国民健康保険組合の保険者は、市町村である。
4. 雇用保険の保険者は、国である。
5. 労働者災害補償保険の保険者は、都道府県である。

A 4

国民年金や労災保険は国、介護保険は市町村、国民健康保険組合は国民健康保険組合が保険者である。

Q3 本人がサービスの必要性を自覚したニードを何というか。1つ選べ。

1. ノーマティブ・ニード（規範的ニード）
2. コンパラティブ・ニード（比較ニード）
3. フェルト・ニード（感得されたニード）
4. エクスプレスト・ニーズ（表明されたニード）
5. フィジオロジー・ニード（生理的なニード）

A 3

ブラッドショー（Bradshaw, J.）は、サービスの必要性を自覚したニードをフェルト・ニード（感得されたニード）とした。

Q4 措置施設はどれか。2つ選べ。

1. 救護施設
2. 軽費老人ホーム
3. 児童養護施設
4. 障害者支援施設
5. 老人短期入所施設

A 1、3

軽費老人ホーム、障害者支援施設、老人短期入所施設は、契約で利用する施設である。

Q5 社会保険と民間保険について正しいものはどれか。1つ選べ。 **A 4**

1. 民間保険では、加入者の保険料は均一でなければならない。
2. 生命保険など民間保険の保険料が、所得税の所得控除の対象になることはない。
3. 民間保険には低所得者に対する保険料の減免制度がある。
4. 社会保険では、各個人が自由に制度に加入・脱退することは認められていない。
5. 社会保険は、各被保険者の保険料とそれにより受け取るべき給付の期待値が一致するように設計されなければならない。

社会保険では、一定の要件に該当する場合は加入する義務がある。

Q6 2021（令和3）年度の社会保障給付費等について正しいものはどれか。1つ選べ。 **A 2**

1. 社会保障給付費は150兆円を超過している。
2. 対国内総生産比は20%を超えている。
3. 社会保障財源の構成としては、公費が最も多い。
4. 公費負担の内訳は、国より地方自治体の方が多い。
5. 部門別の構成比は、「医療」が最も大きい。

社会保障給付費は約139兆円で国内総生産比約25%である。財源の内訳は社会保険料が最も多く、部門別の構成比は「年金」が最も大きい。

Q7 市町村の民生費の目的別歳出の割合が最も高いものはどれか。1つ選べ。 **A 1**

1. 児童福祉費
2. 社会福祉費
3. 生活保護費
4. 老人福祉費
5. 災害救助費

市町村の民生費の目的別内訳は、児童福祉費（38%）が最も高く、次いで社会福祉費（29%）、老人福祉費（17%）の順となっている。

Q8 次の費用のうち、法律上、国が4分の3を負担することになっているものはどれか。1つ選べ。 **A 5**

1. 養護老人ホームへの入所措置に要する費用
2. 介護保険の給付に要する費用
3. 子ども子育て支援法に規定される保育に要する費用
4. 「障害者総合支援法」に規定する障害福祉サービス費
5. 生活保護費に要する費用

生活保護に要する費用は国が4分の3、地方（都道府県・市）が4分の1を負担する。

過去問にチャレンジ！

Q

第35回問題50　日本の社会保険に関する次の記述のうち、正しいものを１つ選びなさい。 B

1. 国民健康保険は、保険料を支払わないことで自由に脱退できる。
2. 健康保険の給付費に対する国庫補助はない。
3. 雇用保険の被保険者に、国籍の要件は設けられていない。
4. 民間保険の原理の一つである給付・反対給付均等の原則は、社会保険においても必ず成立する。
5. 介護保険の保険者は国である。

A　3

1　×　社会保険は強制加入なので、自由に脱退できない。

2　×　健康保険（全国健康保険協会管掌）の給付費に対する国庫補助（16.4％）がある。

3　○

4　×　社会保険においては、給付・反対給付均等の原則は必ずしも成立しない。

5　×　介護保険の保険者は、「市町村及び特別区」である。

Q **第36回問題45** 「令和５年版地方財政白書（令和３年度決算）」（総務省）に示された民生費に関する次の記述のうち、正しいものを１つ選びなさい。 B

1. 歳出純計決算額は、前年度に比べて減少した。
2. 目的別歳出の割合は、都道府県では社会福祉費よりも災害救助費の方が高い。
3. 目的別歳出の割合は、市町村では児童福祉費よりも老人福祉費の方が高い。
4. 性質別歳出の割合は、都道府県では繰出金よりも人件費の方が高い。
5. 性質別歳出の割合は、市町村では補助費等よりも扶助費の方が高い。

社会保険と公的扶助の違いなど、社会保障制度の概要については頻出事項なので体系的に整理しておきましょう。

A 5

1	×	民生費の歳出純計決算額は、令和２年度約 29 兆円、令和３年度約 31 兆円と増加した。
2	×	都道府県の目的別歳出の割合は、社会福祉費の方が高い。
3	×	市町村では、老人福祉費よりも児童福祉費の方が高い。
4	×	人件費（約 3%）よりも繰出金（約 8%）の方が高い。
5	○	

2 医療保険

A
★★★

出題傾向

	項　目	主に出題される科目	第 37 回 試験予想 出 題 数	出題内容
4	**医療保険**	⑤社会保障 ⑯保健医療と福祉	**2**	○健康保険、国民健康保険、後期高齢者医療制度 ○公費負担医療
5	**国民医療費・診療報酬**	⑯保健医療と福祉	**1**	○医療費の動向 ○診療報酬制度の体系
6	**医療法**	⑯保健医療と福祉	**2**	○医療施設の概要 ○医療提供体制の整備
7	**保健制度**	①医学概論 ⑭児童・家庭福祉 ⑯保健医療と福祉	**1**	○成人保健対策 ○母子保健対策 ○健康増進と保健医療対策

医療保険は、医療保険、医療法、国民医療費などの重要事項が繰り返し出題されています。

『国試ナビ 2025』
P.42 ～ P.59 参照

穴埋め問題

Q　医療保険制度の概要	A
❶ わが国は、______年から国民皆保険制度が整備された。	1961（昭和 36）
❷ 健康保険法に基づく保険者は、______及び健康保険組合である。	全国健康保険協会
❸ 健康保険の短時間労働者の週所定労働時間は、______時間以上である。	20
❹ 日雇特例被保険者の保険者は、______である。	全国健康保険協会
❺ 船員保険の保険者は、______である。	全国健康保険協会
❻ 市町村国民健康保険の保険者は、______である。	都道府県及び市町村
❼ 医師など同種の事業又は業務に従事する者は、独自に______を組織することができる。	国民健康保険組合
❽ 後期高齢者医療の保険者は、______である。	後期高齢者医療広域連合
❾ 後期高齢者医療制度の被保険者は、______である。	75 歳以上の者、65 歳以上 75 歳未満の一定の障害認定を受けた者
❿ 生活保護の受給者は、______の被保険者から除外されている。	国民健康保険及び後期高齢者医療制度

Q　被扶養者	A
⓫ 被扶養者の生計維持基準は、原則として被扶養者の年収が______万円未満（60 歳以上、障害者は 180 万円未満）の場合である。	130
⓬ 健康保険の被扶養者の要件に、収入要件の他に、2020（令和 2）年度より______要件が加わった。	国内居住
⓭ ______の被保険者は、健康保険の被扶養者になれない。	後期高齢者医療

Q　保険料	A
⑭ 国民健康保険の保険料は、＿＿＿に納付義務がある。	世帯主
⑮ 全国健康保険協会管掌健康保険は、＿＿＿ごとに保険料が異なる。	都道府県
⑯ 健康保険組合では、保険料の事業主負担割合を被保険者の負担割合よりも多く設定することが＿＿＿。	できる
⑰ 全国健康保険協会管掌健康保険の給付費に対し、国は＿＿＿％の補助を行っている。	16.4
⑱ 後期高齢者医療の給付に要する費用の約＿＿＿割は保険料、約＿＿＿割が後期高齢者支援金で賄われている。	1 ／ 4

Q　任意継続被保険者	A
⑲ 被用者保険の資格喪失日の前日までに継続して 2 か月以上の被保険者期間があり、資格喪失日から 20 日以内に申請すると、最長＿＿＿年間被保険者となることができる。	2

Q　保険給付	A
⑳ 75 歳以上の被保険者の療養の給付の一部負担割合は、＿＿＿割、一定所得者以上は＿＿＿割、現役並み所得者は＿＿＿割である。	1 ／ 2 ／ 3
㉑ 70 歳以上 75 歳未満の被保険者の療養の給付の一部負担割合は、＿＿＿割、現役並み所得者は＿＿＿割である。	2 ／ 3
㉒ 義務教育就学前の療養の給付の一部負担割合は、＿＿＿割である。	2
㉓ 療養の給付は、＿＿＿の保険診療を受けた場合に受けられる。	保険医
㉔ 食事療養に要した費用については、＿＿＿が給付される。	入院時食事療養費
㉕ 入院時生活療養費は、療養病床に入院する＿＿＿歳以上の者の食費や居住費の一部を給付する。	65
㉖ 医療保険が適用されない医薬品を用いて治療を行う場合などの評価療養は、＿＿＿費が支給される。	保険外併用療養
㉗ 被保険者が選定した特別の病室の室料などの選定療養は、保険外併用療養費として＿＿＿が支給対象である。	保険診療相当部分

㉘ 訪問看護は、居宅において看護師等により_____を行う。	療養上の世話又は必要な診療の補助
㉙ やむを得ない理由で保険医療機関以外で受診したときなどは、_____が支給される。	療養費
㉚ 移動が困難な患者が医師の指示で移送された場合は、_____が支給される。	移送費
㉛ 被保険者が死亡した場合は、_____が支給される。	埋葬料（埋葬費）
㉜ 出産育児一時金は、産科医療補償制度加入医療機関の場合は、1児につき_____万円である。	50
㉝ 出産手当金は、出産予定日以前_____日から、出産の日後_____日目までの範囲内で会社を休んだ期間、標準報酬日額の3分の2が支給される。	42（多胎妊娠の場合は98日）／56
㉞ 傷病手当金は、連続する_____日の待機期間の後、4日目以降通算して_____間、標準報酬日額の3分の2が支給される。	3／1年6か月
㉟ 被保険者が、_____により、又は故意に給付事由を生じさせたときは保険給付は行わない。	自己の故意の犯罪行為

Q　利用者負担の軽減	A
㊱ 高額療養費は、_____当たりの医療費が一定の額を超えた場合に支給される。	1か月
㊲ 高額療養費は、70歳未満の場合、同一世帯で_____円以上の自己負担額が複数あるときは世帯合算される。	2万1000
㊳ 同一世帯で1年間に_____回以上高額療養費の支給を受けている場合は、_____回目からは自己負担限度額が下がる。	3／4
㊴ 高額長期疾病（特定疾病）の患者である場合、自己負担の限度額が_____円となる。	1万（上位所得者の場合は2万円）
㊵ 入院時の「食費」「居住費」「差額ベッド代」などは、高額療養費制度の支給対象に_____。	含まれない

41 高額介護合算療養費は、______間のうちに、世帯内の医療保険と介護保険の自己負担の合計額が一定額以上になると支給される。 1年

Q 医療保険と他の制度との関係 A

42 ______保険に加入中の生活保護の被保護者は、一部負担金のみが医療扶助の対象となる。 被用者

43 労災保険法の業務災害については健康保険の給付の______であり、また、労災保険法における通勤災害については労災保険からの給付が______される。 対象外／優先

Q 国民医療費（2021（令和3）年度） A

44 国民医療費は、約______兆円で、国内総生産（GDP）比は、約______%である。 45／8

45 人口一人当たりの国民医療費は、約______万円である。 36

46 国民医療費には、患者が医療機関で直接支払う一部負担金が______。 含まれる

47 財源別国民医療費では、保険料の占める割合は約______%、公費の占める割合は約______%、その他は約12%を占める。 50／38

48 65歳以上の年齢層の国民医療費の割合は、全体の約______%を占める。 61

49 診療種類別医療費では、医科診療医療費は約______%、薬局調剤約18%、歯科約7%である。 72

50 医科診療医療費の傷病分類別の割合をみると、______系の疾患が最も高い。 循環器

Q 診療報酬と介護報酬 A

51 診療報酬は______年に一度、介護報酬は______年に一度、同時改定は______年毎に行われている。 2／3／6

52 診療報酬は、医科、歯科、______に分類されている。 調剤

53	診療報酬は、全国一律に1点10円であるが、介護報酬の1単位は、______。	地域により異なる
54	国民健康保険団体連合会は、______から委託を受けて介護給付費等の審査・支払等を行う。	市町村
55	介護報酬の算定基準を厚生労働大臣が定める際には、あらかじめ______の意見を聴かなければならない。	社会保障審議会
56	______は、急性期入院医療を対象とする診断群分類に基づく1日当たり包括払い制度である。	DPC制度（DPC／PDPS）

Q	医療法	A
57	医師、歯科医師、薬剤師、看護師その他の医療の担い手は、医療を提供するに当たり、適切な______を行い、医療を受ける者の理解を得るよう努めなければならない。	説明
58	病院又は診療所の管理者は、患者を退院させるときは、______の作成、交付及び適切な説明が行われるよう努めなければならない。	退院療養計画書
59	病院、診療所又は助産所の管理者は、医療事故が発生した場合には、______に報告しなければならない。	医療事故調査・支援センター
60	医療計画に地域医療構想の策定を義務付けたのは、______年の医療法改正（第六次）である。	2014（平成26）

Q	医療提供施設	A
61	病院は、______床以上の入院施設を有する。	20
62	診療所は、入院施設を有しないもの又は______床以下の入院施設を有する。	19
63	特定機能病院は、______床以上有し、______を必要とする患者に対する病院として______の承認を受ける。	400／高度先進医療／厚生労働大臣
64	地域医療支援病院は、______床以上有し、______役割などを担う病院として______の承認を受ける。	200／地域の病院等を後方支援する／都道府県知事

65 介護老人保健施設は、_____法に規定されている施設であり、_____法上の医療提供施設である。	介護保険／医療
66 介護医療院の利用は、主として_____が必要である要介護者を対象としている。	長期にわたり療養
67 _____診療所は、24 時間往診や、必要な機関と連携して 24 時間訪問看護が可能な体制を確保している。	在宅療養支援
68 _____は、災害派遣医療チーム（DMAT）を保有することが指定の要件となっている。	災害拠点病院

Q 訪問看護	A
69 訪問看護ステーションの管理者は、_____である。	保健師、助産師又は看護師
70 _____訪問看護ステーションでは、利用者や家族からの連絡及び相談を 24 時間受ける体制を整備している。	機能強化型

Q 健康日本 21	A
71 「健康日本 21（第三次）」の計画期間は、2024（令和 6）年度から_____までである。	2035（令和 17）年度
72 「健康日本 21」は、_____予防を重視している。	一次

Q 健康増進法	A
73 健康増進計画の策定義務があるのは_____である。	都道府県
74 何人も、正当な理由がなく、_____で喫煙してはならない。	喫煙禁止場所

Q 健康	A
75 WHO は、健康を肉体的、精神的、_____的に良好な状態と定義した。	社会
76 _____宣言は、先進国と開発途上国間における人々の健康状態の不平等について言及している。	アルマ・アタ

77 WHOが提唱したヘルスプロモーションは、______において定義された。	オタワ憲章

Q　特定健康診査	A
78 メタボリックシンドローム（内臓脂肪症候群）の検査を行う特定健診事業は、______法を根拠として実施されている。	高齢者医療確保
79 特定保健指導の目的は、______である。	生活習慣病の予防
80 メタボリックシンドロームは、内臓脂肪肥満（男85cm、女90cm以上）に加え、______のうち2つ以上を合併した状態をいう。	高血糖、高血圧、脂質異常
81 特定健康診査及び特定保健指導の対象年齢は、______歳以上75歳未満の医療保険加入者である。	40

Q　母子保健	A
82 乳児は______未満、幼児は______までのものをいう。	1歳／1歳から小学校就学の始期
83 妊産婦とは、妊娠中又は出産後______以内の女子をいう。	1年
84 1歳6か月児健康診査は、満______を超え、満______に達しない幼児に対して行う。	1歳6か月／2歳
85 市町村は、妊娠の届出をした者に______を交付しなければならない。	母子健康手帳
86 ______事業は、産後ケアを必要とする出産後1年を経過しない女子及び乳児に対し、産後ケアを行う。	産後ケア
87 体重が______g未満の乳児が出生したときは、保護者は市町村に届け出なければならない。	2500

ワンポイントアドバイス

「医療保険」「医療法」「診療報酬・国民医療費」など出題数が多い単元は体系的に整理しましょう。

5肢選択問題

Q1 被用者保険はどれか。2つ選べ。

1. 全国健康保険協会管掌健康保険
2. 都道府県等が行う国民健康保険
3. 国民健康保険組合が行う国民健康保険
4. 後期高齢者医療制度
5. 組合管掌健康保険

A 1、5

被用者保険はその他に、船員保険、共済組合等がある。

Q2 後期高齢者医療制度について正しいものはどれか。1つ選べ。

1. 保険者は、都道府県である。
2. 被保険者は、60歳以上の者が対象である。
3. 保険料の算定は、世帯単位でされる。
4. 各被保険者の保険料は同一である。
5. 各医療保険者から拠出される後期高齢者支援金が財源の一部となっている。

A 5

後期高齢者医療広域連合が保険者で、保険料は広域連合ごとに異なる。保険料は個人単位で算定。

Q3 傷病手当金について正しいものはどれか。1つ選べ。

1. 国民健康保険の被保険者が受給できる。
2. 待期期間は、療養のため連続3日休んだ場合に成立する。
3. 支給期間は、最大1年間である。
4. 退職後は受給できない。
5. 給与が支給される場合はいかなる場合も受給できない。

A 2

給与が支給される場合でも、給与の日額が傷病手当金より少ない場合は、傷病手当金と給与の差額が支給される。

Q4 診療報酬について正しいものはどれか。1つ選べ。

1. 医科、歯科、調剤に分類されている。
2. 1単位の単価は、地域により異なる。
3. 3年に一度改定される。
4. 国民健康保険は、社会保険診療報酬支払基金が審査機関となる。
5. 諮問機関は、社会保障審議会である。

A 1

2年に一度改定され、中央社会保険医療協議会が諮問機関である。

Q5 国民健康保険団体連合会の介護保険関連業務ではないものはどれか。1つ選べ。

1. 市町村から委託を受けて行う介護給付費等の審査・支払
2. 苦情処理等の業務
3. 市町村から委託を受けて行う第三者行為損害賠償求償事務
4. 介護保険施設等の運営
5. 要介護認定

A 5

要介護認定は、介護認定審査会の業務である。

Q6 地域医療支援病院の特徴はどれか。2つ選べ。

1. 厚生労働大臣の承認を受ける。
2. 400床以上である。
3. 高度の医療を提供する。
4. 救急医療を提供する。
5. 2次医療圏を基本として設置される。

A 4、5

1～3は特定機能病院の特徴である。

Q7 介護老人保健施設の根拠法はどれか。1つ選べ。

1. 老人福祉法
2. 高齢者の医療の確保に関する法律
3. 医療法
4. 介護保険法
5. 高齢者の居住の安定確保に関する法律

A 4

介護保険法第94条から第115条に規定されている。

Q8 受動喫煙の防止を規定している法律はどれか。1つ選べ。

1. 健康保険法
2. 医療法
3. 国民健康保険法
4. 高齢者の医療の確保に関する法律
5. 健康増進法

A 5

健康増進法第25条から第42条で規定している。

過去問にチャレンジ！

Q

第36回問題70　公的医療保険における一部負担金に関する次の記述のうち、正しいものを１つ選びなさい。 B

1. 療養の給付に要した費用の一部負担金の割合は、一律３割である。
2. 被用者保険に加入中の生活保護の被保護者は、一部負担金のみが医療扶助の対象となる。
3. 正常な分娩による出産費用の一部負担金の割合は、３割である。
4. １か月の医療費の一部負担金が限度額を超えた場合、保険外併用療養費制度により払戻しが行われる。
5. 入院時の食事提供の費用は、全額自己負担である。

A　2

1　×　年齢や所得により１～３割負担である。

2　○

3　×　正常な分娩による出産費用は、療養の給付の対象外である。

4　×　「高額療養費制度」により払戻しが行われる。

5　×　標準負担額を除いた費用が保険給付される。

Q **第36回問題71**　「令和 2（2020）年度国民医療費の概況」（厚生労働省）に示された日本の医療費に関する次の記述のうち、正しいものを 1 つ選びなさい。 **B**

1. 国民医療費の総額は 40 兆円を超えている。

2. 人口一人当たりの国民医療費は 60 万円を超えている。

3. 国民医療費に占める薬局調剤医療費の割合は、入院医療費の割合よりも高い。

4. 国民医療費の財源に占める公費の割合は、保険料の割合よりも高い。

5. 国民医療費に占める歯科診療医療費の割合は、入院外医療費の割合より高い。

A　1

1　○

2　×　人口一人当たりの国民医療費は約 34 万円である。

3　×　入院医療費約 38%、薬局調剤医療費約 18%で、入院医療費の割合が高い。

4　×　保険料約 50%、公費約 38%で、保険料の割合が高い。

5　×　入院外医療費約 34%、歯科診療医療費約 7%で、歯科診療医療費の割合が高い。

3 年金保険

B
★★☆

出題傾向

	項　目	主に出題される科目	第 37 回試験予想出題数	出題内容
8	**年金保険**	⑤社会保障	**1**	○年金保険制度の概要

年金の被保険者要件、障害年金、遺族年金などの保険給付などが出題されています。

『国試ナビ 2025』
P.60 ～ P.63 参照

穴埋め問題

Q 全般	A
❶ 国民年金法が 1959（昭和 34）年に制定され、____年に拠出制の年金制度が開始され国民皆年金制度が実現した。	1961（昭和 36）

Q 被保険者	A
❷ 自営業者や学生等は、国民年金の第____号被保険者である。	1
❸ 厚生年金の被保険者は、適用事業所に常時使用される____歳未満の者である。	70
❹ 厚生年金の被保険者は、国民年金の第____号被保険者である。	2
❺ 第 3 号被保険者は、第 2 号被保険者に扶養されている____歳の原則日本国内に住所を有する配偶者である。	20 ～ 59

Q 被扶養者	A
❻ 同一世帯の配偶者が被扶養者となるには、原則として年収が____万円未満で、同居の場合は被保険者の収入の____分の 1 未満であることが必要である。	130 ／ 2

Q 保険料	A
❼ 第____号被保険者は、標準報酬月額に定率を乗じた額の保険料を負担する。	2
❽ 第____号被保険者は、自身が国民年金の保険料を納付する必要はない。	3
❾ 障害基礎年金の受給者、生活保護の生活扶助受給者等は、国民年金の保険料が____される。	法定免除
❿ 20 歳以上の学生は、____の前年の所得が一定額以下である場合、学生納付特例制度を利用することができる。	本人

⑪ 学生納付特例制度の適用を受けた期間は、老齢基礎年金の______には算入されるが、追納しなければ年金額の計算に反映されない。	受給資格期間
⑫ 産前産後期間、育児休業期間中の厚生年金保険料は、______分が免除される。	被保険者分と事業主

Q 老齢年金	A
⑬ 老齢基礎年金の受給要件は、保険料納付済期間、______期間、______期間の合計が、______年以上あることである。	保険料免除／合算対象／10
⑭ 老齢基礎年金額は、______年間保険料を納めた人は満額支給されるが、保険料を全額免除された期間の年金額は______分の1となる。	40／2
⑮ 離婚時に老齢______年金を夫婦間で分割できる。	厚生
⑯ 老齢年金は、原則として______歳から支給されるが、繰り上げ（60歳から）又は繰り下げ（2022（令和4）年4月より75歳まで）をすることができる。	65

Q 障害年金	A
⑰ 障害基礎年金1級の年金額（支給額）は2級の______倍である。	1.25
⑱ 20歳以降の障害基礎年金は、初診日前に保険料納付済期間と免除期間の合計が______以上必要である。	3分の2
⑲ 20歳前に傷病を負った人の障害基礎年金については、本人が保険料を納付していないことから、______が設けられている。	所得制限
⑳ 障害基礎年金には、______の加算がある。	子
㉑ 障害厚生年金の障害等級は、1級から______級がある。	3
㉒ 障害厚生年金を受給するには、______が厚生年金の被保険者期間内になければならない。	初診日
㉓ 初診日からその症状が固定することなく______を経過し、一定の障害の状態にある場合は、障害厚生年金を受給できる。	1年6か月
㉔ 障害厚生年金には、______の加算がある。	配偶者

㉕ 障害厚生年金と労災保険の障害補償年金が併給される場合は、______が減額支給される。	**障害補償年金**

Q 遺族年金	A
㉖ 遺族基礎年金は、______に支給される。	**子のある配偶者、子（18歳未満）**
㉗ 死亡した被保険者の子が受給権を取得した遺族基礎年金は、生計を同じくするその子の父又は母がいる間は______。	**支給停止される**
㉘ 遺族厚生年金の額は、死亡者の老齢厚生年金額の報酬比例部分の______である。	**4分の3**
㉙ 受給権を取得した時に、30歳未満で子のない妻には、当該遺族厚生年金が______年間支給される。	**5**

Q 特別障害給付金	A
㉚ 特別障害給付金は、障害基礎年金1級から______級相当の障害に該当する者に支給される。	**2**
㉛ 特別障害給付金は、障害基礎年金等の受給権を______障害者に支給される。	**有していない**

Q 企業年金等	A
㉜ 確定拠出年金は、______が確定している年金をいう。	**現役時代の拠出額**

Q その他	A
㉝ 国民年金独自の給付として、寡婦年金、死亡一時金、______がある。	**付加年金**
㉞ 保険料納付済期間が6か月以上ある外国人が出国後2年以内に請求した場合は______が支給される。	**外国人脱退一時金**

ワンポイントアドバイス

短時間労働者を被用者保険の適用対象とすべき事業所の企業規模要件について、段階的に引き下げられます（現行100人超→50人超）。

5肢選択問題

Q1 年金保険の被保険者について正しいものはどれか。1つ選べ。

1. 被用者は、第1号被保険者となることができない。
2. 20歳未満の者は、厚生年金保険の被保険者となることができない。
3. 障害基礎年金を受給していると、国民年金の保険料納付は免除される。
4. 第1号被保険者の保険料は、前年の所得に比例して決定される。
5. 第3号被保険者は、日本国内に住所を有する必要はない。

A 3

被用者も第2号、第3号以外は第1号になる。厚生年金は20歳未満でも加入可能。第1号被保険者の保険料は定額である。

Q2 年金制度について正しいものはどれか。1つ選べ。

1. 障害基礎年金と老齢厚生年金は併給できない。
2. 離婚した場合は、厚生年金の分割はできない。
3. 生活保護の生活扶助受給者でも国民年金は免除されない。
4. 学生納付特例で猶予を受けた場合も、年金額の計算に反映される。
5. 寡婦年金や死亡一時金は、国民年金独自の給付である。

A 5

生活扶助受給者は法定免除である。学生納付特例は追納しなければ年金額には反映されない。

Q3 障害年金について正しいものはどれか。1つ選べ。

1. 障害基礎年金は、1級から3級までである。
2. 障害厚生年金は、1級から2級までである。
3. 障害基礎年金には、配偶者加給年金がある。
4. 障害厚生年金には、子の加算がある。
5. 1級の障害基礎年金額は、2級の1.25倍である。

A 5

障害基礎年金は、1～2級で子の加算あり。障害厚生年金は、1～3級で配偶者加給年金あり。

Q4 遺族年金について正しいものはどれか。1つ選べ。

1. 遺族基礎年金は、死亡した被保険者の孫にも支給される。
2. 子に対する遺族基礎年金は、生計を同じくするその子の父又は母がいる間は、支給を停止される。
3. 遺族年金を受給している妻が再婚した場合も支給される。
4. 遺族厚生年金は、30歳未満で子のない妻には10年間支給される。
5. 遺族厚生年金の額は、死亡した者の老齢厚生年金の額の2分の1である。

A 2

遺族基礎年金は子のある配偶者又は子に支給される。30歳未満で子のない妻には5年間遺族厚生年金が支給される。遺族厚生年金の額は老齢厚生年金の額の4分の3である。

過去問にチャレンジ！

Q **第36回問題55　老齢基礎年金に関する次の記述のうち、最も適切なものを1つ選びなさい。** B

1. 老齢基礎年金は、受給者の選択により 55 歳から繰り上げ受給をすることができる。

2. 老齢基礎年金は、保険料納付済期間が 25 年以上なければ、受給することができない。

3. 老齢基礎年金と老齢厚生年金は、どちらか一方しか受給することができない。

4. 老齢基礎年金は、支給開始時に決められた額が死亡時まで変わらずに支給される。

5. 老齢基礎年金の年金額の算定には、保険料免除を受けた期間の月数が反映される。

A 5

1 × 「60 歳」から 1 か月単位で繰り上げ受給することができる。

2 × 保険料納付済期間と保険料免除期間が「10 年」以上なければ、受給することができない。

3 × 老齢基礎年金と老齢厚生年金は、併給することができる。

4 × 老齢基礎年金の金額は、毎年改定される。

5 ○

4 労災保険／労働関係法規

B
★★☆

出題傾向

	項　目	主に出題される科目	第 37 回試験予想出 題 数	出題内容
9	**労災保険**	⑤社会保障	**1**	○労災保険制度の概要
10	**労働関係法規**	⑲福祉サービスの組織と経営	**1**	○労働三法及び労働関係法令 ○メンタルヘルス対策・ハラスメント対策

労災保険の被保険者、給付の概要や労働基準法などが出題されています。出題数は少ないですが、基本事項は得点できるように準備しましょう。

穴埋め問題

『国試ナビ 2025』
P.64 ～ P.71 参照

Q 労災保険の保険者	A
❶ 労災保険は、＿＿＿が管掌する。	国
❷ 労災保険の現業業務は＿＿＿が行う。	都道府県労働局、労働基準監督署

Q 労災保険の適用労働者・適用事業所	A
❸ 原則として＿＿＿人以上の労働者を使用する事業所は強制的に適用となる。	1
❹ 被保険者は、雇用形態にかかわらず、労働の対価として賃金を受ける＿＿＿である。	すべての労働者
❺ 労災保険に特別加入できるのは、＿＿＿などである。	中小事業主、個人タクシー、大工などの一人親方

Q 労災保険の保険事故	A
❻ 労災保険は、業務上の災害のほか、＿＿＿の災害も対象としている。	通勤途中
❼ 通勤災害は、住居と就業の場所との往復などを＿＿＿で行う場合が対象である。	合理的な経路及び方法

Q 労災保険の保険料	A
❽ 労災保険の保険料は、＿＿＿が負担する。	全額事業主
❾ 労災保険の保険料率は、事業の種類ごとに＿＿＿種類が定められている。	54
❿ メリット制に基づき、事業における＿＿＿の発生状況に応じて、労災保険率が増減される。	労働災害

⑪ 労働保険料を滞納していた場合、保険給付は＿＿＿。	行われる（事後に事業主から費用徴収）

Q 労災保険の保険給付	A
⑫ ＿＿＿給付は、業務上の負傷・疾病により療養する場合に給付される。	療養補償
⑬ 療養補償給付の自己負担は、＿＿＿。	ない（全額補償される）
⑭ 労働災害により休業した場合には、＿＿＿日目から休業補償給付に加えて休業特別支給金が支給される。	4
⑮ 障害（補償）年金は、障害等級 1 級から＿＿＿級まで、障害（補償）一時金は、障害等級＿＿＿級から＿＿＿級までである。	7 ／ 8 ／ 14
⑯ 労働安全衛生法に基づく一次健康診断において、一定の項目に異常の所見があるときは、＿＿＿及び特定保健指導が給付される。	二次健康診断
⑰ 労働者災害補償保険と健康保険の保険給付は、＿＿＿が優先して適用される。	労働者災害補償保険

Q 労働基準法	A
⑱ 労働基準法は、使用者は、労働者に休憩時間を除き、1 週間について＿＿＿時間を超えて労働させてはならないと規定している。	40
⑲ 労働者とは、職業の種類を問わず、事業又は事務所に使用される者で、＿＿＿者をいう。	賃金を支払われる
⑳ 時間外労働や休日労働をさせるには、＿＿＿を書面で締結し、労働基準監督署長に届け出る必要がある。	時間外労働・休日労働についての協定（三六協定）
㉑ ＿＿＿週間以内に出産する女性が休業を請求した場合、出産後原則＿＿＿週間を経過しない女性は請求しなくても、就業させてはならない。	6 ／ 8
㉒ 常時＿＿＿人以上の労働者を使用する使用者は、就業規則を作成し、労働基準監督署に届け出なければならない。	10

㉓ 使用者は就業規則を作成又は変更について、労働組合がない場合は______の意見を聴かなければならない。	労働者の過半数を代表する者

Q 労働組合法	A
㉔ 労働協約は、______に作成し、両当事者が署名又は記名押印することによって効力を生ずる。	書面

Q 労働契約法	A
㉕ 就業規則で定める基準に達しない労働条件を定める労働契約は、______で定める基準が有効になる。	就業規則
㉖ 労働契約法では、有期労働契約が反復更新されて通算______年を超えたときには、労働者からの申込みにより、当該契約は無期労働契約に転換される。	5

Q 労働安全衛生法	A
㉗ 労働安全衛生法は、職場における労働者の安全と健康を確保するとともに、______を促進することを目的とする。	快適な職場環境の形成
㉘ 衛生管理者、産業医はすべての業種で常時______人以上の労働者を使用する事業所に選任義務がある。	50
㉙ 常時 50 人以上の労働者を使用する事業者が定期健康診断を実施した場合は、遅滞なく、その結果を所轄の______に報告しなければならない。	労働基準監督署長
㉚ 事業者は、時間外・休日労働が月 80 時間を超え、疲労の蓄積が認められる労働者が申し出た場合は、______を行わなくてはならない。	医師による面接指導
㉛ ストレスチェックの結果は、______から労働者に対して通知することが義務づけられている。	検査の実施者
㉜ ストレスチェックの実施者になれるのは、医師、保健師又は、一定の研修を修了した歯科医師、看護師、公認心理師、______である。	精神保健福祉士

Q 最低賃金法	A
㉝ 特定最低賃金額は、______額を上回るものでなければならない。	地域別最低賃金

㉞ 最低賃金法に基づく地域別最低賃金は、_____が決定する。	**厚生労働大臣又は都道府県労働局長**

Q **労働施策総合推進法**	A
㉟ 事業主は、職場において行われる_____であって、業務上必要かつ相当な範囲を超えたものによりその雇用する労働者の就業環境が害されることのないよう、必要な措置を講じなければならない。	**優越的な関係を背景とした言動**
㊱ 事業主は、事業規模の縮小等に伴い離職を余儀なくされる労働者について、_____に対する援助その他の再就職の援助を行うことにより、その職業の安定を図るように努めなければならない。	**求職活動**

Q **統計データ**	A
㊲ 労働力人口とは、_____歳以上の人口のうち、就業者と_____の合計をいう。	**15 ／完全失業者**
㊳ 2023（令和 5）年の労働力調査では、就業者のうち、雇用者（役員を除く）の占める割合は約_____%である。	**85**
㊴ 2023（令和 5）年の労働力調査では、雇用者（役員を除く）のうち、非正規労働者の割合は約_____%で増加している。	**37**
㊵ 2023（令和 5）年の完全失業率は約_____%である。	**2.6**

Q **地域若者サポートステーション**	A
㊶ 地域若者サポートステーションは、15 歳から_____歳までの若年無業者等の職業的自立を支援する機関である。	**49**

Q **求職者支援法**	A
㊷ 求職者支援法は、_____（雇用保険の失業等給付を受給できない求職者）に対し、職業訓練の実施、給付金の支給などを行う。	**特定求職者**
㊸ 求職者支援制度では、月_____円の職業訓練受講手当の支給を受けることができる。	**10 万**

ワンポイントアドバイス

労働基準法の災害補償制度と労災保険との関係をつかみましょう。

5肢選択問題

Q1 労災保険について正しいものはどれか。1つ選べ。

1. 保険料は、事業主と被保険者で折半する。
2. 保険料率は、事業の種類にかかわらず同一である。
3. 保険料は、各事業の労働災害の多寡にかかわらず一定である。
4. 業務災害のみを対象としている。
5. 出張や社用での外出など事業所外で業務に従事している場合も保険給付の対象としている。

A 5

出張や事業所外での負傷も業務災害に含まれる。

Q2 労働基準法について正しいものはどれか。1つ選べ。

1. 労働者には、賃金を支払われない者も含まれる。
2. 労働基準法に達しない労働条件も有効である。
3. 就業規則はすべての事業所で作成しなければならない。
4. 時間外労働をさせるには届出は不要である。
5. 原則として産後8週を経過しない女性は就業させてはならない。

A 5

ただし、産後6週間を経過した女性が請求した場合、医師が支障がないと認めた業務に就業させることはできる。

Q3 労働安全衛生法について正しいものはどれか。1つ選べ。

1. 労働者が常時30人以上の事業者は健康診断結果の届出義務がある。
2. 産業医は常時30人以上の労働者を使用する事業場に選任義務がある。
3. 事業者は、時間外・休日労働が週30時間以上の労働者に対し、医師による面接指導の義務がある。
4. ストレスチェックは、常時30人以上の労働者を使用する事業場に実施義務がある。
5. ストレスチェックの結果は、検査の実施者から直接労働者に対して通知する。

A 5

常時50人以上の労働者を使用する事業者に健康診断結果届出、産業医選任、ストレスチェック実施義務がある。

Q4 「求職者支援法」に基づく求職者支援制度の利用対象となり得る場合はどれか。2つ選べ。

1. 個人事業を廃業した者が企業に就職したい場合
2. 現在雇用保険の被保険者である者が転職したい場合
3. 雇用保険に加入できずに企業で働いていた場合
4. 就労経験のない大学生が職業訓練を受講したい場合
5. 雇用保険の失業等給付を受給しながら職業訓練を受講したい場合

A 1、3

求職者支援制度では、雇用保険の被保険者は対象としていない。

過去問にチャレンジ！

Q

第36回問題53　労働保険に関する次の記述のうち、最も適切なものを１つ選びなさい。 B

1. 労働者災害補償保険の療養補償給付を受ける場合、自己負担は原則１割である。
2. 労働者災害補償保険は、政府が管掌する。
3. 日雇労働者は、雇用保険の適用除外とされている。
4. 雇用保険の失業等給付の保険料は、その全額を事業主が負担する。
5. 教育訓練給付は、雇用保険の被保険者ではなくなった者には支給されない。

A　2

1　×　療養補償給付は傷病が治癒するまでその全額が支給されるため、自己負担はない。

2　○

3　×　日雇労働者も、雇用保険の日雇労働被保険者となることができる。

4　×　失業等給付の保険料は、労使折半で負担する。

5　×　雇用保険の被保険者でなくなってから１年以内は支給される。

Q **第35回問題53** **次のうち、労働者災害補償保険制度に関する記述として、最も適切なものを１つ選びなさい。** B

1. 労働者の業務災害に関する保険給付については、事業主の請求に基づいて行われる。
2. メリット制に基づき、事業における通勤災害の発生状況に応じて、労災保険率が増減される。
3. 保険料は、事業主と労働者が折半して負担する。
4. 労働者災害補償保険の適用事業には、労働者を一人しか使用しない事業も含まれる。
5. 労働者の業務災害に関する保険給付については、労働者は労働者災害補償保険又は健康保険のいずれかの給付を選択することができる。

A 4

1 × 労働者やその遺族等の請求に基づいて行われる。

2 × 「労働災害」の発生状況に応じて増減される。

3 × 「全額事業主」が負担する。

4 ○

5 × 「労働者災害補償保険」が優先する。

5 雇用保険／育児・介護休業

B
★★☆

出題傾向

	項　目	主に出題される科目	第 37 回試験予想出題数	出題内容
11	**雇用保険**	⑤社会保障	**1**	○雇用保険制度の概要
12	**育児・介護休業法**	⑬高齢者福祉 ⑲福祉サービスの組織と経営	**1**	○育児・介護休業法の概要

雇用保険の被保険者、基本手当などの保険給付、育児休業や介護休業の概要が出題されています。

穴埋め問題

Q 保険者	A
❶ 雇用保険は、＿＿＿が管掌する。	国
❷ 雇用保険は、現業業務は、＿＿＿が行っている。	都道府県労働局、公共職業安定所（ハローワーク）

Q 被保険者	A
❸ 雇用保険の適用事業所は、労働者を雇用する＿＿＿である。	原則としてすべての事業所
❹ 雇用保険の被保険者は、＿＿＿日以上引き続き雇用されることが見込まれ、1 週間の所定労働時間が＿＿＿時間以上の労働者である。	31 ／ 20
❺ 雇用保険料（失業等給付・育児休業給付）は、＿＿＿が負担する。	事業主と被保険者
❻「離職」とは、被保険者について、事業主との＿＿＿が終了することをいう。	雇用関係
❼「失業」とは、被保険者が離職し、＿＿＿を有するにもかかわらず、職業に就くことができない状態にあることをいう。	労働の意思及び能力

Q 失業等給付	A
❽ 雇用保険法に規定する「失業等給付」には、求職者給付、就職促進給付、教育訓練給付及び＿＿＿がある。	雇用継続給付
❾ 求職者給付は、＿＿＿手当、技能習得手当、傷病手当、寄宿手当がある。	基本
❿ 基本手当の受給要件は、離職の日以前＿＿＿年間に、＿＿＿か月以上の被保険者期間が必要である。	2 ／ 12

⑪ 基本手当は、＿＿＿に応じて給付日数が異なる。	離職理由、年齢、被保険者期間
⑫ 基本手当の給付期間は、原則として離職の日の翌日から起算して＿＿＿年である。	1
⑬ 基本手当の所定給付日数を一定数以上残して再就職した場合、＿＿＿手当を受給することができる。	就業促進
⑭ 教育訓練給付は、被保険者であった期間が原則として＿＿＿年（初回は 1 年）以上の人が対象で、一般教育訓練の場合、受講費用の＿＿＿%（上限 10 万円）を支給する。	3 ／ 20
⑮ 雇用継続給付には、介護休業給付、＿＿＿給付がある。	高年齢雇用継続

Q　雇用保険二事業	A
⑯ 雇用保険二事業とは、雇用安定事業と＿＿＿事業である。	能力開発
⑰ 雇用保険二事業の費用は、＿＿＿が負担する。	事業主のみ

Q　育児休業	A
⑱ 2020（令和 2）年 4 月より、＿＿＿は、失業等給付から独立した給付として位置づけられた。	育児休業給付
⑲ 2022（令和 4）年度の育児休業の取得率は、女性 80.2%、男性＿＿＿%である。	17.13
⑳ 育児休業は、原則として子が＿＿＿歳になるまで取得できる。	1
㉑ パパ・ママ育休プラス（父母がともに育児休業を取得する場合）は、＿＿＿までの間に 1 年間の育児休業を取得することができる。	1 歳 2 か月
㉒ 産後パパ育休（出生時育児休業）は、子の出生後 8 週間以内に＿＿＿週間まで取得することができる。	4
㉓ 保育所に入所を希望しているが入所できない場合等、一定の理由がある場合は、最長で子が＿＿＿に達するまで育児休業を取得することができる。	2 歳

㉔ 子の看護休暇制度は、小学校就学までの子を養育する労働者は、子 1 人の場合は 1 年に_____日、2 人以上の場合は_____日取得することができる。	5 ／ 10
㉕ 事業主は、_____歳に満たない子を養育する労働者から_____場合は、所定労働時間を超えて労働させてはならない。	3 ／請求があった
㉖ 育児休業中の厚生年金の保険料は、_____負担分が免除される。	事業主及び本人
㉗ 育児休業給付金は、休業開始時賃金日額の_____%が支給される。	67（6 か月経過後は 50%）

Q 介護休業	A
㉘ 2022（令和 4）年度の介護休業取得率は、_____%である。	0.06
㉙ 介護休業は、_____以上の常時介護を必要とする状態にある家族を介護するためのものである。	2 週間
㉚ 介護休業は、対象家族 1 人につき通算して_____日まで取得することができる。	93
㉛ 介護休業は、対象家族 1 人につき_____回を上限として、介護休業を分割して取得できる。	3
㉜ 介護休業の対象家族は、配偶者、父母及び子、配偶者の父母、_____である。	祖父母、兄弟姉妹、孫
㉝ 介護休暇制度は、対象家族 1 人の場合は 1 年に_____日、2 人以上の場合は_____日取得することができる。	5 ／ 10
㉞ 介護休業給付金は、休業開始時賃金日額の_____%が支給される。	67

ワンポイントアドバイス

2022（令和 4）年 10 月より、産後パパ育休（出生時育児休業）が始まりました。

5肢選択問題

Q1 雇用保険について正しいものはどれか。1つ選べ。

1. 現業業務は、公共職業安定所が行う。
2. 1週間の所定労働時間が10時間以上の者は被保険者となる。
3. 65歳以降に雇用された場合は被保険者とならない。
4. 失業等給付の保険料は、事業主のみが負担する。
5. 雇用保険二事業の費用は、事業主と被保険者が折半する。

A 1

2017（平成29）年1月より65歳以降に雇用された場合も被保険者となった。

Q2 基本手当について正しいものはどれか。1つ選べ。

1. 受給要件は、離職の日以前1年間に、3か月以上の被保険者期間が必要である。
2. 基本手当の日額は、離職前の賃金日額の3割である。
3. 基本手当の額は、離職理由にかかわらず同一である。
4. 基本手当の額は、被保険者期間にかかわらず同一である。
5. 給付期間は、原則として離職の日の翌日から起算して1年間である。

A 5

離職の日以前2年間に12か月以上の被保険者期間のある者に、離職前賃金日額の5～8割が、離職理由、被保険者期間等に応じて支給される。

Q3 育児休業について正しいものはどれか。1つ選べ。

1. 育児休業の取得率は、男性のほうが高い。
2. パパ・ママ育休プラス（父母がともに育児休業を取得する場合）は、子が1歳6か月になるまでの間で取得できる。
3. 子の看護休暇制度は、1年に93日取得することができる。
4. 育児休業期間中の厚生年金の保険料は、事業主のみ免除される。
5. 育児休業給付金は、休業開始後180日目までは休業開始時賃金日額の67％である。

A 5

パパ・ママ育休プラスは1歳2か月まで取得可能である。

Q4 介護休業制度について正しいものはどれか。2つ選べ。

1. 介護休業は、分割して取得することができない。
2. 介護休業期間は、通算して93日である。
3. 兄弟姉妹は、対象家族に含まれない。
4. 介護休業期間中の厚生年金保険料は免除される。
5. 介護休業給付金は、休業開始時賃金日額の50％が支給される。

A 2

介護休業給付金は67％が支給される。

過去問にチャレンジ！

Q

第34回問題53　**雇用保険法に関する次の記述のうち、正しいものを１つ選びなさい。** B

1. 基本手当は、自己の都合により退職した場合には受給できない。
2. 保険者は、都道府県である。
3. 近年の法改正により、育児休業給付は、失業等給付から独立した給付として位置づけられた。
4. 雇用調整助成金は、労働者に対して支給される。
5. 雇用安定事業・能力開発事業の費用は、事業主と労働者で折半して負担する。

A　3

1　×　自己の都合により退職した場合でも受給できる。

2　×　保険者は「国（政府）」である。

3　○

4　×　雇用調整助成金は、「事業者」に支給される。

5　×　雇用保険二事業の費用は「事業主のみ」負担する。

6 介護保険

A
★★★

出題傾向

	項　目	主に出題される科目	第37回試験予想出題数	出題内容
13	**介護保険**	⑤社会保障 ⑬高齢者福祉	**3**	○保険者と被保険者、保険料 ○要介護認定の仕組みとプロセス ○居宅サービス、施設サービスの種類

介護保険について、保険者、被保険者、要介護認定、保険給付、地域支援事業、地域包括支援センター、国民健康保険団体連合会、介護報酬などまんべんなく出題されています。

『国試ナビ2025』
P.76～P.90 参照

穴埋め問題

Q データ	A
❶ 2023（令和5）年11月現在、65歳以上の高齢者のうち、要支援・要介護認定を受けている者は、約______%である。	19.3
❷ 2022（令和4）年の要介護になった原因で最も多い疾病は、______である。	認知症
❸ 2022（令和4）年の介護者で最も多い続柄は、同居の______である。	配偶者

Q 保険者	A
❹ 介護保険の保険者は、______である。	市町村及び特別区
❺ 要支援・要介護認定や保険給付は、______が行う。	市町村及び特別区
❻ 市町村は、介護保険に関する収入及び支出について、______会計を設けなければならない。	特別
❼ 市町村は、介護給付及び予防給付に要する費用の額の______%に相当する額を負担する。	12.5
❽ 居宅給付費の国の負担割合は______%、施設等給付費の国の負担割合は______%である。	25 ／ 20
❾ 財政安定化基金は______が設置し、財源は国、都道府県、市町村が______分の1ずつ負担する。	都道府県／ 3
❿ 調整交付金は、国が負担する費用のうち______%を______に交付するものである。	5 ／市町村

Q 被保険者	A
⓫ 第1号被保険者は、市町村に住所を有する______歳以上の者である。	65

⑫ 第２号被保険者は、市町村に住所を有する_____の_____加入者である。	40歳以上65歳未満／医療保険
⑬ 第１号被保険者の保険料率は、_____年度ごとに改定される。	3
⑭ 国が定める第１号被保険者の保険料率は、所得に応じて_____段階に分かれている。	13
⑮ 第１号被保険者の保険料は、_____が決定・徴収を行うが、年_____万円以上の年金を受給している人は、年金から特別徴収される。	市町村／18
⑯ 特別徴収の対象となる年金は、_____、_____、_____年金である。	老齢／障害／遺族
⑰ 第２号被保険者の保険料は、_____が決定・徴収する。	医療保険者
⑱ 医療保険者は、第２号被保険者の保険料を、_____に納付する。	社会保険診療報酬支払基金
⑲ 住所地特例の対象施設は、介護保険施設、養護老人ホーム、軽費老人ホーム、有料老人ホーム、_____である。	サービス付き高齢者向け住宅

Q 要介護認定	**A**
⑳ 申請代行できる人は、居宅介護支援事業者、介護保険施設、_____などである。	地域包括支援センター
㉑ 認定調査の基本調査は、_____項目ある。	74
㉒ 基本調査の調査項目は、「身体機能・起居動作」「生活機能」「認知機能」「精神・行動障害」「_____」の５群から構成されている。	社会生活への適応
㉓ 二次判定では、一次判定を基礎として、_____や_____に基づき、どの区分に該当するかの審査・判定が行われる。	主治医意見書／特記事項
㉔ 介護認定審査会の委員は、_____が任命し、任期は原則_____年である。	市町村長／2
㉕ 介護認定審査会は、_____を市町村に述べることができる。	療養に関する事項などの意見

㉖ 第２号被保険者が認定を受けるには、_____種類のいずれかの特定疾病に該当する必要がある。	16
㉗ 要介護更新認定の有効期間は、原則 12 か月、最長_____か月まで延長できる。	48

Q　保険給付	A
㉘ 保険給付は、介護給付、予防給付、_____の３種類である。	市町村特別給付
㉙ 市町村特別給付の財源は、_____で賄う。	第１号被保険者の保険料
㉚ _____とは、居宅要介護者に対し、心身機能の維持回復及び日常生活上の自立を助けるために、居宅において診療に基づき実施される理学療法や作業療法などをいう。	訪問リハビリテーション
㉛ _____とは、居宅要介護者を介護老人保健施設又は介護医療院等に短期間入所させて、看護、医学的管理下で行う介護等をいう。	短期入所療養介護
㉜ 小規模多機能型居宅介護は、通い、泊まり、_____、_____の４つのサービスを提供する。	訪問／ケアマネジメント
㉝ 小規模多機能型居宅介護、認知症対応型共同生活介護などは、_____を設置しなければならない。	運営推進会議
㉞ 特別養護老人ホーム（定員 30 名以上）のうち都道府県知事の指定を受けたもので、要介護者に対し日常生活上の世話などを行う施設は、_____施設である。	介護老人福祉
㉟ 介護老人福祉施設の入所対象者は、原則として要介護_____以上の者である。	3
㊱ 看護、医学的管理下での介護、機能訓練などを行い、家庭での生活に戻れるように支援する施設は、_____施設である。	介護老人保健

Q　福祉用具	A
㊲ 歩行器、認知症老人徘徊感知機器、自動排泄処理装置などは、_____の対象品目である。	福祉用具貸与

㊳ 入浴用いす、腰掛便座、簡易浴槽は、______の対象品目である。	福祉用具購入
㊴ 福祉用具購入費支給限度基準額は______万円である。	10
㊵ 住宅改修費支給限度基準額は______万円である。	20

Q 共生型サービス	A
㊶ 共生型サービスの対象となる介護保険サービスに、訪問介護、通所介護、______がある。	短期入所生活介護
㊷ 介護保険の訪問介護事業所が、共生型サービスとして提供できる障害福祉サービスは、居宅介護と______である。	重度訪問介護

Q 区分支給限度基準額	A
㊸ 訪問、通所、短期入所のサービスは、居宅介護サービス費等______基準額が適用される	区分支給限度
㊹ 種類支給限度基準額は、地域のサービス基盤の整備状況に応じて、区分支給限度基準額の範囲内において、サービスの種類ごとに______が条例で定める。	市町村

Q 利用者負担	A
㊺ 第１号被保険者のうち、一定額以上の所得がある場合の利用者負担割合は______割である。	２割又は３
㊻ 居宅介護支援、介護予防支援の利用者負担は______。	ない（全額保険給付される）
㊼ 市町村から要支援・要介護者に対して、利用者の負担割合を示す______が交付される。	介護保険負担割合証
㊽ 市町村は、______の理由により、利用者負担の支払が一時的に困難になった被保険者について、減免又は免除することができる。	災害等特別

Q その他	A
㊾ 特定入所者介護サービス費は、低所得者に対して施設サービスにおける______に対して、負担限度額を超える額を給付する。	食費と居住費

50	介護サービス事業所は、______年ごとの更新を受ける。	6
51	介護支援専門員証の有効期間は______年で、更新にあたっては研修を受けなければならない。	5
52	______は、介護サービス事業者から介護サービス情報の報告を受けた後、その報告の内容を公表する。	都道府県知事
53	市町村は、地域支援事業のほか、第１号被保険者の保険料を財源として、______を行うことができる。	保健福祉事業
54	市町村は、介護支援専門員、保健医療及び福祉に関する専門的知識を有する者、民生委員その他の関係者等により構成される______を置くように努めなければならない。	地域ケア会議
55	地域ケア会議は、要介護被保険者等への適切な支援を図るために必要な検討を行うことや、______の発見や地域づくり・資源開発などの機能がある。	地域課題

Q	地域支援事業	A
56	介護予防･生活支援サービス事業の対象者は、______と基本チェックリスト該当者、継続利用要介護者である。	要支援者
57	介護予防・生活支援サービス事業の利用者負担は、______が決定する。	市町村
58	一般介護予防事業の対象者は、______被保険者である。	第１号
59	______事業は、総合相談支援、権利擁護、包括的・継続的ケアマネジメント支援、介護予防ケアマネジメントがある。	包括的支援
60	______事業では、地域の医療・介護関係者による会議の開催、在宅医療・介護関係者の研修等を行い、在宅医療と介護サービスを一体的に提供する体制の構築を推進する。	在宅医療・介護連携推進
61	______は、市町村が地域の実情に応じて配置し、生活支援サービスの資源開発等を行う。	生活支援コーディネーター（地域支え合い推進員）

62 生活支援体制整備事業では、生活支援コーディネーターと生活支援サービスの提供主体による情報共有・連携強化の場として、______が設置される。	協議体
63 認知症初期集中支援チームは、包括的、集中的な支援をおおむね______間実施する。	6か月
64 任意事業には、介護給付等費用適正化事業、______事業、______事業などがある。	家族介護支援／成年後見制度利用支援

Q ケアマネジメント	A
65 介護予防支援事業所の指定は、地域包括支援センターと______が受けることができる。	居宅介護支援事業者
66 介護予防支援事業所は、要支援者の______計画を作成する。	介護予防サービス
67 居宅介護支援事業所は、要介護者の______計画を作成する。	居宅サービス

Q 地域包括支援センター	A
68 市町村は、地域包括支援センターを設置______。	することができる
69 包括的支援事業の委託を受けた社会福祉法人等は、______に届け出て地域包括支援センターを設置することができる。	市町村長
70 地域包括支援センターの人員配置基準は、同センターの担当する区域における、______被保険者数に応じて決められる。	第1号
71 地域包括支援センターには、保健師、主任介護支援専門員、______が配置される。	社会福祉士
72 地域包括支援センター運営協議会は、サービス事業者及び職能団体、利用者などによって構成され、______ごとに設置される。	市町村

ワンポイントアドバイス

「サービス事業対象者」「要支援者」「要介護者」の違いに注意しながら整理しましょう。

5肢選択問題

Q1 介護保険法における保険者はどれか。1つ選べ。

1. 全国健康保険協会
2. 年金保険者
3. 国
4. 都道府県
5. 市町村及び特別区

A 5

特別区とは、東京23区のことである。

Q2 市町村長が事業者指定をするサービスはどれか。1つ選べ。

1. 訪問介護
2. 通所介護
3. 居宅療養管理指導
4. 定期巡回・随時対応型訪問介護看護
5. 福祉用具貸与

A 4

市町村長は、地域密着型サービスや介護予防支援の事業者指定を行う。

Q3 第1号被保険者の保険料について正しいものはどれか。1つ選べ。

1. 保険料は医療保険者が定める。
2. 保険料は都道府県が条例で定める。
3. 受給額が年額18万円未満は、特別徴収される。
4. 特別徴収される年金は、老齢年金のみである。
5. 配偶者及び世帯主は、連帯納付義務がある。

A 5

保険料は市町村が定め、受給額（老齢、障害、遺族）が年額18万円以上の場合、特別徴収される。

Q4 住所地特例の対象施設はどれか。2つ選べ。

1. 認知症対応型共同生活介護
2. 地域密着型介護老人福祉施設
3. サービス付き高齢者向け住宅
4. 養護老人ホーム
5. 地域密着型特定施設

A 3、4

1、2、5は地域密着型サービスなので、住所地特例の対象外である。

Q5 申請代行できるものはどれか。2つ選べ。

1. 指定居宅介護支援事業者
2. 特定施設入居者生活介護事業所
3. 地域包括支援センター
4. 訪問介護事業所
5. 認知症対応型共同生活介護事業所

A 1、3

その他に、介護保険施設なども申請代行できる。

Q6 介護認定審査会について正しいものはどれか。1つ選べ。

1. 委員は介護支援専門員から選任される。
2. 市町村長が任命する。
3. 任期は3年である。
4. 市町村の職員で構成される。
5. 委員が3分の2以上出席しないと開催できない。

A 2

委員は保健医療福祉の学識経験者から選任され、任期は原則2年、委員の過半数出席で開催される。

Q7 特定疾病はどれか。1つ選べ。

1. 脳血管疾患
2. 進行性筋ジストロフィー症
3. 糖尿病
4. 統合失調症
5. 自閉症

A 1

2～5は特定疾病に含まれない。3は合併症の診断が必要である。

Q8 介護保険の保険給付はどれか。2つ選べ。

1. 介護給付
2. 訓練等給付
3. 自立支援給付
4. 療養の給付
5. 市町村特別給付

A 1、5

保険給付はその他に、「予防給付」がある。

Q9 要支援者が利用できるサービス（予防給付があるサービス）はどれか。1つ選べ。

1. 認知症対応型共同生活介護
2. 看護小規模多機能型居宅介護
3. 定期巡回・随時対応型訪問介護看護
4. 介護老人福祉施設
5. 地域密着型特定施設入居者生活介護

A 1

介護予防認知症対応型共同生活介護は、要支援2の利用者が利用できる。

Q10 地域密着型サービスはどれか。1 つ選べ。

1. 特定施設入居者生活介護
2. 通所リハビリテーション
3. 居宅療養管理指導
4. 通所介護
5. 小規模多機能型居宅介護

A 5

地域密着型サービス事業者は原則として指定をした市町村の被保険者のみが利用できる。

Q11 福祉用具貸与の種目はどれか。2 つ選べ。

1. 認知症老人徘徊感知機器
2. 入浴用いす
3. 腰掛便座
4. 簡易浴槽
5. 自動排泄処理装置

A 1、5

2、3、4 は福祉用具購入の対象品目である。

Q12 包括的支援事業はどれか。1 つ選べ。

1. 介護予防把握事業
2. 権利擁護事業
3. 介護給付費等費用適正化事業
4. 地域介護予防活動支援事業
5. 成年後見制度利用支援事業

A 2

1、4 は介護予防日常生活支援総合事業、3、5 は任意事業。

Q13 地域包括支援センターに配置される職種はどれか。1 つ選べ。

1. 社会福祉士
2. 介護福祉士
3. 精神保健福祉士
4. 理学療法士
5. 医師

A 1

その他に、保健師、主任介護支援専門員が配置される。

過去問にチャレンジ！

Q

第36回問題128　事例を読んで、地域包括支援センターの社会福祉士によるJさんの長女への助言として、適切なものを2つ選びなさい。 B

事例

自宅で一人暮らしのJさん（82歳、男性）は、脳梗塞の後遺症により軽い左片麻痺があり、要支援1の認定を受けているが介護保険サービスは利用していない。2か月前に買物に行こうとして玄関先で転倒し、軽傷ですんだものの、それ以来自宅から出ようとしなくなった。近隣に住んでいる長女は、週に2、3度自宅を訪れ、買物や掃除・洗濯を手伝ってきた。しかし、「父は一人で大丈夫というが、むせることもあり食事量が減ってきて心配です。父はどのようなサービスが利用できますか」と地域包括支援センターに相談に来た。

1. 看護小規模多機能型居宅介護の利用
2. 介護老人福祉施設への入所
3. 介護予防通所リハビリテーションの利用
4. 短期入所生活介護の利用
5. 管理栄養士による介護予防居宅療養管理指導の利用

A　3、5

1	×	看護小規模多機能型居宅介護は要介護者のみ利用できる。要支援1のJさんは利用できない。
2	×	介護老人福祉施設は、原則要介護3以上の人が利用できるので、要支援1のJさんは利用できない。
3	○	
4	×	短期入所生活介護は要介護者のみ利用できる。要支援1のJさんは利用できない。
5	○	

Q

第35回問題131 **介護保険制度における第一号被保険者の介護保険料（以下「第一号保険料」という。）に関する次の記述のうち、正しいものを 1 つ選びなさい。**

B

1. 第一号保険料の額は、政令で定める基準に従い、各市町村が条例で定める保険料率に基づいて算定され、第一号被保険者に賦課される。

2. 第一号保険料は、被保険者の前年の所得に応じて、原則として 3 段階を標準とした保険料率が定められている。

3. 第一号保険料が特別徴収となるのは、公的年金の受給額が年額 120 万円以上の第一号被保険者である。

4. 第一号被保険者が医療保険の被用者保険（健康保険など）の被保険者の場合、第一号保険料は医療保険者が医療保険料と一体的に徴収する。

5. 第一号被保険者が被保護者（生活保護受給者）であって第一号保険料が普通徴収となる場合、その保険料は介護扶助として支給される。

A 1

1 ○

2 × 原則として「13 段階」が標準である。

3 × 年額 18 万円以上である。

4 × 第一号保険料は、市町村が徴収する。

5 × 第一号保険料が普通徴収となる場合、その保険料は「生活扶助」として支給される。

7 社会福祉の概要

B
★★☆

出題傾向

	項　目	主に出題される科目	第37回試験予想出題数	出題内容
14	**社会福祉法**	④社会福祉の原理と政策 ⑤社会保障	**2**	○社会福祉制度の概要 ○重層的支援体制整備事業 ○共同募金
15	**社会福祉協議会**	⑦地域福祉と包括的支援体制	**1**	○社会福祉協議会の概要

社会福祉法に規定されている地域福祉の規定、福祉事務所、共同募金などが出題されています。

『国試ナビ 2025』
P.91 ～ P.97 参照

穴埋め問題

Q　社会福祉法	A
① 社会福祉法は、2000（平成 12）年の社会福祉基礎構造改革の際に、＿＿＿法の題名が改められたものである。	社会福祉事業
② ＿＿＿、＿＿＿、社会福祉に関する活動を行う者は相互に協力して、地域福祉の推進に努めなければならない。	地域住民／社会福祉事業経営者
③ ＿＿＿は、福祉サービスを必要とする地域住民の地域生活課題を把握し、支援関係機関と連携して解決を図るよう留意しなければならない。	地域住民等
④ ＿＿＿は、地域福祉の推進のために必要な各般の措置を講ずるよう努めなければならない。	国及び地方公共団体
⑤ ＿＿＿会は、都道府県知事等の諮問機関である。	地方社会福祉審議
⑥ ＿＿＿は、社会福祉法に基づき、条例で、福祉事務所を設置しなければならない。	都道府県及び市（特別区を含む）
⑦ 福祉事務所は、＿＿＿の数について、社会福祉法で定める数を標準として定める。	現業を行う所員
⑧ 社会福祉事業の経営者は、福祉サービスの利用契約の成立時に、利用者に対し、＿＿＿を交付しなければならない。	福祉サービスの内容、利用料などを記載した書面
⑨ 社会福祉事業の経営者は、常に、その提供する福祉サービスの利用者等からの＿＿＿に努めなければならない。	苦情の適切な解決
⑩ 福祉サービスの利用に際して苦情があるときは、＿＿＿に申し立てることができる。	運営適正化委員会
⑪ 都道府県福祉人材センターは、＿＿＿の確保を図ることを目的としている。	社会福祉事業等従事者

Q　社会福祉事業	A
⑫ 第１種社会福祉事業が実施できるのは、_____、_____、_____である。	国／地方公共団体／社会福祉法人
⑬ 養護老人ホームを経営する事業は、第_____種社会福祉事業である。	1
⑭ 福祉サービス利用援助事業は、第_____種社会福祉事業である。	2

Q　重層的支援体制整備事業	A
⑮ 重層的支援体制整備事業は、市町村の_____事業である。	任意
⑯ 重層的支援体制整備事業の実施にあたって、包括的相談支援事業、参加支援事業、_____事業を一体的に実施する。	地域づくり

Q　共同募金	A
⑰ 共同募金は_____の区域を単位として行われる。	都道府県
⑱ 共同募金の実施期間は、_____が定め、_____月から_____月である。	厚生労働大臣／10／翌年３
⑲ 共同募金は、第_____種社会福祉事業である。	1
⑳ 共同募金会以外の者は、_____を行ってはならない。	共同募金事業
㉑ 共同募金の方法別割合で、最も大きな割合を占めているのは_____募金である。	戸別
㉒ 共同募金は、_____以外の者に配分してはならない。	社会福祉を目的とする事業を経営する者
㉓ 国及び地方公共団体は、_____について干渉してはならない。	寄附金の配分
㉔ 寄附金の配分を行うにあたっては、_____の承認を得なければならない。	配分委員会
㉕ 災害等があった場合は、_____を他の共同募金会に拠出することができる。	準備金

㉖ 共同募金会は、＿＿＿の意見を聴き、配分委員会の承認を得て、共同募金の目標額を公告しなければならない。	都道府県社会福祉協議会

Q 社会福祉協議会	A
㉗ 社会福祉協議会は、＿＿＿法に規定された、＿＿＿を図ることを目的とする団体である。	社会福祉／地域福祉の推進
㉘ 1951（昭和 26）年に、現在の全国社会福祉協議会の前身となる＿＿＿が設立された。	中央社会福祉協議会
㉙ ＿＿＿年より、市町村社会福祉協議会が法制化された。	1983（昭和 58）
㉚ 市町村社会福祉協議会は、社会福祉事業又は更生保護事業を経営する者の＿＿＿が参加していなければならない。	過半数
㉛ 市町村社会福祉協議会には、＿＿＿が配置される。	福祉活動専門員
㉜ ＿＿＿年、国庫補助で配置されていた福祉活動専門員の経費が一般財源化された。	1999（平成 11）
㉝ 2000（平成 12）年の社会福祉法改正により、市町村社会福祉協議会の目的は＿＿＿にあることが明文化された。	地域福祉の推進
㉞ 関係行政庁の職員は、役員総数の＿＿＿を超えてはならない。	5 分の 1
㉟ 社会福祉協議会は、＿＿＿計画を策定することができる。	地域福祉活動
㊱ 運営適正化委員会は、＿＿＿社会福祉協議会に設置する。	都道府県
㊲ 日常生活自立支援事業（福祉サービス利用援助事業）の実施主体は、＿＿＿社会福祉協議会である。	都道府県（指定都市）
㊳ 生活福祉資金貸付制度の実施主体は、＿＿＿社会福祉協議会である。	都道府県

ワンポイントアドバイス

社会福祉法は、共通事項を定めた法律なので条文を読み込むことが大切です。

5肢選択問題

Q1 社会福祉法に設置根拠をもつものはどれか。2つ選べ。

1. 地域包括支援センター
2. 要保護児童対策地域協議会
3. 基幹相談支援センター
4. 福祉事務所
5. 運営適正化委員会

A 4、5

1は介護保険法、2は児童福祉法、3は障害者総合支援法である。

Q2 第1種社会福祉事業はどれか。2つ選べ。

1. 共同募金
2. 無料低額宿泊所
3. 母子・父子福祉施設
4. 女性自立支援施設
5. 盲導犬訓練施設

A 1、4

2、3、5は第2種社会福祉事業である。

Q3 共同募金について正しいものはどれか。1つ選べ。

1. 市町村の区域を単位として募集される。
2. 第2種社会福祉事業である。
3. 共同募金会以外の者は、共同募金事業を行うことが禁止されている。
4. 社会福祉を目的とする事業を経営する者以外にも配分される。
5. 国は、寄附金の配分について関与できる。

A 3

1は都道府県を単位、2は第1種、4は社会福祉を目的とする事業のみに配分できる。

Q4 社会福祉協議会について正しいものはどれか。1つ選べ。

1. 地方自治法に規定された法人である。
2. 都道府県社会福祉協議会に福祉活動専門員が配置される。
3. 関係行政庁の職員は役員になってはいけない。
4. 運営適正化委員会は都道府県社会福祉協議会に設置される。
5. 地域福祉計画を策定する。

A 4

社会福祉法に規定された法人で、市町村社会福祉協議会に福祉活動専門員が配置される。

過去問にチャレンジ！

Q

第36回問題35　社会福祉法に規定されている市町村による重層的支援体制整備事業に関する次の記述のうち、正しいものを１つ選びなさい。 B

1. 重層的支援体制整備事業は、地域生活課題の解決に資する包括的な支援体制を整備するための事業である。

2. 重層的支援体制整備事業は、市町村の必須事業である。

3. 市町村は、重層的支援体制整備事業の実施にあたって、包括的相談支援事業、参加支援事業、地域づくり事業のいずれか一つを選択して、実施することができる。

4. 重層的支援体制整備事業のうち、包括的相談支援事業は、住宅確保要配慮者に対する居住支援を行う事業である。

5. 市町村は、重層的支援体制整備事業実施計画を策定しなければならない。

A　1

1　○

2　×　市町村の「任意事業」である。

3　×　包括的相談支援事業、参加支援事業、地域づくり事業を一体的に実施する。

4　×　相談者の属性・世代・相談内容に関わらず包括的に相談を受け止め支援する事業である。

5　×　事業を実施する場合は、策定するように努める。

8 老人福祉

B
★★☆

出題傾向

	項　目	主に出題される科目	第37回試験予想出題数	出題内容
16	**老人福祉法**	⑬高齢者福祉	**1**	○老人福祉法の概要 ○老人福祉法に基づく措置
17	**高齢者福祉に関するその他の制度**	⑬高齢者福祉	**1**	○高齢者医療確保法 ○高齢者住まい法 ○高齢者雇用安定法

老人福祉法に規定されている基本理念や老人福祉施設、高齢者の住宅施策や雇用施策などについて出題されています。

『国試ナビ 2025』
P.98 ～ P.103 参照

穴埋め問題

Q　老人福祉法	A
❶ 市町村は、65 歳以上で環境上の理由及び経済的理由で居宅において養護が困難な場合等は、＿＿＿の入所措置をとる。	養護老人ホーム
❷ 市町村は、＿＿＿事由により介護保険法に規定する介護サービスを利用することが著しく困難な場合は、老人福祉法の措置をとる。	やむを得ない
❸「老人の日」は＿＿＿日、「老人週間」は＿＿＿日から＿＿＿日である。	9 月 15 ／ 9 月 15 ／ 9 月 21
❹ 老人クラブは、おおむね＿＿＿歳以上の高齢者の自主的な組織で、＿＿＿活動を行う。	60 ／健康づくりやボランティア
❺ ＿＿＿は、教養講座、レクリエーションその他広く老人が自主的かつ積極的に参加できる事業の実施に努めなければならない。	地方公共団体

Q　有料老人ホーム	A
❻ 有料老人ホームとは、介護等の供与をする施設で、＿＿＿施設や＿＿＿事業を行う住居等の施設でないものをいう。	老人福祉／認知症対応型老人共同生活援助
❼ 有料老人ホームは、＿＿＿付、＿＿＿型、＿＿＿型の類型がある。	介護／住宅／健康
❽ 設置しようとする場合は、＿＿＿にあらかじめ届け出なければならない。	都道府県知事
❾ 家賃等の一部を前払い金として受領するときは、必要な＿＿＿を講じなければならない。	保全措置
❿ 事業を廃止しようとするときは、＿＿＿までに都道府県知事に届け出なければならない。	1 か月前

Q　老人福祉施設	A
⓫ 老人福祉施設は、＿＿＿種類ある。	7

⑫ 特別養護老人ホームは、_____歳以上で_____を必要とする者が入所対象である。	65／身体上又は精神上著しい障害があるため常時介護
⑬ _____センターは、高齢者に関する相談、健康の増進、教養の向上及びレクリエーションなどを総合的に提供する。	老人福祉
⑭ _____センターは、高齢者等に対する相談・助言、関係機関との連絡調整などを総合的に行う。	老人介護支援

Q 高齢者関連施設	A
⑮ 特定施設とは、_____、_____、_____である。	有料老人ホーム／養護老人ホーム／軽費老人ホーム
⑯ 介護老人福祉施設は、_____が介護保険法の指定を受けた施設である。	特別養護老人ホーム

Q 高齢者の居住の安定確保に関する法律	A
⑰ _____は、高齢者の居住の安定の確保に関する基本的な方針を定める。	国土交通大臣及び厚生労働大臣
⑱ サービス付き高齢者向け住宅において必須とされるサービスは、状況把握サービスと_____である。	生活相談サービス
⑲ サービス付き高齢者向け住宅は、建設や改修等に対して国の補助制度があり、登録すれば_____は不要である。	有料老人ホームの届出
⑳ サービス付き高齢者向け住宅の事業者は、入居者に対し、契約前に_____して必要な説明を行わなければならない。	書面を交付
㉑ サービス付き高齢者向け住宅の登録基準は、各戸の床面積が_____㎡以上である。	25
㉒ 終身建物賃貸借制度は、賃借人が死亡することによって賃貸借契約が終了する借家契約であり、_____歳以上の高齢者が対象とされている。	60

Q　公営住宅法	A
㉓ 公営住宅は、住宅に困窮する低額所得者が＿＿＿で利用できる賃貸住宅である。	低廉な家賃
㉔ 公営住宅の入居者が死亡した場合、その死亡時に同居していた者は、＿＿＿の承認を受けて、引き続き、当該公営住宅に居住することができる。	事業主体
㉕ 地方公共団体は、公営住宅の入居者に特別の事情がある場合において必要があると認めるときは、家賃を＿＿＿することができる。	減免
㉖ シルバーハウジングは、＿＿＿による相談や一時的な家事援助などの生活支援サービスが提供される。	生活援助員（ライフサポートアドバイザー）

Q　住宅セーフティネット法	A
㉗ 住宅確保要配慮者は、低額所得者、被災者、高齢者、障害者、＿＿＿、その他住宅の確保に特に配慮を要する者としている。	子育て世帯
㉘ 住宅確保要配慮者に対して居住支援に取り組む法人（住宅確保要配慮者居住支援法人）は、その申請により、＿＿＿から指定されることとなっている。	都道府県知事
㉙ 民間賃貸住宅を賃貸する事業者は、住宅確保要配慮者の円滑な入居の促進のための施策に＿＿＿するよう努めなければならないとされている。	協力

Q　高年齢者等の雇用の安定等に関する法律	A
㉚ 事業主は、65 歳未満の定年を定めた場合は、定年の引上げ、定年の廃止、＿＿＿のいずれかを講じなければならない。	継続雇用制度
㉛ ＿＿＿は、臨時的かつ短期的な就業又はその他の軽易な業務に係る就業を希望する高年齢退職者のために、就業の機会を確保・提供する。	シルバー人材センター

ワンポイントアドバイス

高齢者関連の施設は、「老人福祉施設」「介護保険施設」「その他の施設」と複雑になっていますので、『国試ナビ』P.100 で整理しましょう。

5肢選択問題

Q1 65歳以上で環境上の理由及び経済的理由により居宅において養護を受けることができない者を入所対象とする施設はどれか。1つ選べ。

1. 介護老人福祉施設
2. 介護老人保健施設
3. 特別養護老人ホーム
4. 養護老人ホーム
5. 軽費老人ホーム

A 4

3は身体上又は精神上著しい障害があるために常時の介護を必要とし、かつ、居宅においてこれを受けることが困難なものが入所対象。

Q2 老人福祉施設はどれか。2つ選べ。

1. 有料老人ホーム
2. 軽費老人ホーム
3. 老人福祉センター
4. サービス付き高齢者向け住宅
5. 地域包括支援センター

A 2、3

老人福祉施設は、2、3のほかに、特別養護老人ホーム、養護老人ホームなど7種類ある。

Q3 老人福祉法に基づいて市町村が採る「福祉の措置」の対象となり得るものはどれか。2つ選べ。

1. 特別養護老人ホーム
2. 軽費老人ホーム
3. 有料老人ホーム
4. 介護老人保健施設
5. 老人居宅介護等事業

A 1、5

2、3は契約施設、4は介護保険法に基づく施設。

Q4 サービス付き高齢者向け住宅について正しいものはどれか。1つ選べ。

1. 食事の提供が義務づけられている。
2. 居室の面積基準は、25㎡以上である。
3. 対象者は、単身高齢者に限られている。
4. 必須サービスは、状況把握サービスのみである。
5. 入居者は介護保険サービスは利用できない。

A 2

必須サービスは、状況把握サービスと生活相談サービスである。

過去問にチャレンジ！

Q **第35回問題134**　**老人福祉法に関する次の記述のうち、正しいものを 1 つ選びなさい。** B

1. 法律の基本的理念として、要援護老人の自立支援の重要性が規定されている。

2. 老人福祉施設の一つとして、介護老人保健施設が規定されている。

3. やむを得ない事由で介護保険法の保険給付などが利用できない場合、市町村が採ることのできる福祉の措置の一つとして、居宅における介護等が規定されている。

4. 市町村社会福祉協議会には、老人福祉センターを設置する義務があることが規定されている。

5. 市町村老人福祉計画は、社会福祉法に基づく市町村地域福祉計画と一体のものとして作成されなければならないことが規定されている。

A　3

1	×	規定されていない。
2	×	介護老人保健施設は老人福祉施設に含まれない。
3	○	
4	×	規定されていない。
5	×	介護保険法に基づく市町村介護保険事業計画と一体のものとして作成されなければならない。

9 障害者福祉

A
★★★

出題傾向

	項　目	主に出題される科目	第37回試験予想出題数	出題内容
18	**障害者福祉**	⑧障害者福祉	6	○障害者の生活実態 ○身体障害者福祉法 ○知的障害者福祉法 ○精神保健福祉法 ○発達障害者支援法 ○障害者差別解消法
19	**障害者総合支援法**	⑧障害者福祉	3	○障害者総合支援法の概要 ○障害福祉サービス及び相談支援 ○自立支援医療・補装具 ○地域生活支援事業
20	**障害児支援**	⑧障害者福祉 ⑭児童・家庭福祉	1	○児童福祉法における障害児支援

障害者のデータや障害者基本法、発達障害、バリアフリー法、障害者総合支援法などから出題されています。

『国試ナビ 2025』
P.104 ～ P.131 参照

穴埋め問題

Q 障害者基本法	A
❶ 障害者とは、身体障害、知的障害、_____、その他の心身の機能の障害がある者であって、障害及び社会的障壁により継続的に日常生活又は社会生活に相当な制限を受ける状態にある者をいう。	精神障害（発達障害を含む）
❷ 障害者基本法では、_____の除去、障害を理由とする差別の禁止について規定されている。	社会的障壁
❸ 都道府県及び市町村は、障害者計画を策定_____。	しなければならない（策定義務）
❹ 障害者政策委員会の委員は、_____、障害者の自立及び社会参加に関する事業に従事する者並びに学識経験者のうちから内閣総理大臣が任命する。	障害者

Q 身体障害者	A
❺ 身体障害者は、身体障害者障害程度等級表に掲げる身体上の障害がある 18 歳以上の者で_____から手帳の交付を受けたものである。	都道府県知事（指定都市市長、中核市市長を含む）
❻ _____歳未満の障害児は、保護者が申請する。	15
❼ 身体障害者障害程度等級表は_____級まで、身体障害者手帳は_____級までである。	7 ／ 6

Q 知的障害	A
❽ 知的障害は、_____法では定義されていない。	知的障害者福祉
❾ 知的障害児（者）基礎調査では、知的障害は、「知的機能の障害が_____にあらわれ、日常生活に支障が生じているため、何らかの特別の援助を必要とする状態にあるもの」としている。	発達期（おおむね 18 歳まで）
❿ 知的障害者は、_____より_____手帳が交付される。	都道府県知事（指定都市市長、中核市市長を含む）／療育

Q 精神障害	A
⑪ 精神障害者は、＿＿＿、精神作用物質による急性中毒又はその依存症、＿＿＿、その他の精神疾患を有する者である。	統合失調症／知的障害
⑫ 精神障害者保健福祉手帳は、1 級から＿＿＿級までである。	3
⑬ 精神障害者保健福祉手帳の有効期間は、＿＿＿年である。	2

Q 障害者に関する統計	A
⑭ 身体障害者手帳所持者のうち、障害の種類で最も多いのは＿＿＿である。	肢体不自由
⑮ 身体障害者は、65 歳以上が約＿＿＿％を占める。	73
⑯ 障害者手帳の種類別でみると、＿＿＿手帳所持者数が最も多い。	身体障害者

Q 精神保健福祉法	A
⑰ ＿＿＿入院では、精神保健指定医の診察の結果、必要と認められれば、本人の同意がなくても、家族等のうちいずれかの者の同意に基づき入院させることができる。	医療保護
⑱ 措置入院者、医療保護入院者を入院させている精神科病院の管理者は、＿＿＿を選任しなければならない。	退院後生活環境相談員
⑲ 精神医療審査会は、＿＿＿に設置するものとされている。	都道府県

Q 身体障害者福祉法	A
⑳ 身体障害者社会参加支援施設は、＿＿＿、補装具製作施設、盲導犬訓練施設、視聴覚障害者情報提供施設の 4 施設である。	身体障害者福祉センター
㉑ ＿＿＿事業は、身体障害者に対する点字又は手話の訓練その他の日常生活又は社会生活を営むために必要な訓練を提供する。	身体障害者生活訓練等

Q 補助犬	A
㉒ 補助犬の種類は、＿＿＿、＿＿＿、＿＿＿の 3 種類である。	盲導犬／介助犬／聴導犬

㉓ 同伴受け入れ義務があるのは、_____などである。	公共施設、公共交通機関、不特定多数の人が利用する施設

Q　バリアフリー法	A
㉔ 移動等円滑化基本構想は、_____が作成するよう努める。	市町村
㉕ 市町村は、移動等円滑化基本構想を作成した場合においては、おおむね_____年ごとに、事業の実施の状況についての調査、分析及び評価を行うよう努める。	5

Q　障害者優先調達推進法	A
㉖ _____は、物品等の調達に当たっては、優先的に障害者就労施設等から物品等を調達するよう努めなければならない。	国及び独立行政法人等

Q　障害者差別解消法	A
㉗ 障害者差別解消法は、_____を締結するための国内法制度の整備の一環として制定された。	障害者の権利に関する条約
㉘ _____及び_____は、障害を理由として障害者でない者と不当な差別的取扱いをすることにより、障害者の権利利益を侵害してはならない。	行政機関等／事業者
㉙ _____及び_____は、障害者から意思の表明があった場合、社会的障壁の除去の実施について必要かつ_____をしなければならない。	行政機関等／事業者／合理的な配慮
㉚ 関係機関は、障害を理由とする差別を解消するための取組みを効果的かつ円滑に行うため、関係機関により構成される_____を組織することができる。	障害者差別解消支援地域協議会

Q　障害者スポーツ	A
㉛ _____は、イギリスの病院での脊髄損傷者が参加する競技会の開催がきっかけとなった。	パラリンピック
㉜ _____は、聴覚障害者のための総合スポーツ競技大会である。	デフリンピック

Q 発達障害	A
33 発達障害者支援法では、発達障害を、自閉症、アスペルガー症候群その他の_____、学習障害、注意欠陥多動性障害その他の_____の障害であって、通常_____に発現するものとしている。	広汎性発達障害／脳機能／低年齢
34 発達障害者とは、発達障害がある者であって発達障害及び社会的障壁により_____に制限を受けるものをいう。	日常生活又は社会生活
35 発達障害者支援センターは、_____が設置することができる。	都道府県、指定都市
36 _____は、個々の発達障害者の特性に応じた適切な就労の機会の確保、就労定着のための支援に努めなければならない。	国及び都道府県

Q 減免・割引制度	A
37 障害者の税制上の措置として、_____控除、_____の減免などがある。	障害者・特別障害者／自動車税
38 NHK 放送受信料が全額免除される世帯は、障害者手帳所持者がいる世帯で、世帯全員が_____世帯である。	市町村民税非課税
39 JR の割引は、第 1 種身体（知的）障害者は_____が、第 2 種身体（知的）障害者は_____が 50%割引きされる。	本人と介護者／本人のみ

Q 障害者の就労支援	A
40 就労移行支援事業は_____法に基づく支援であるが、地域障害者職業センターの職業準備訓練は_____法に基づく支援である。	障害者総合支援／障害者雇用促進
41 _____センターは、専門的な職業リハビリテーションや職場適応援助者（ジョブコーチ）の養成、研修などを行う。	地域障害者職業
42 障害者職業カウンセラーは、_____に配置され、就業に関する相談支援等を行う。	地域障害者職業センター
43 _____センターは全国に 337 か所設置され、就業面や生活面の一体的な支援を実施する。	障害者就業・生活支援
44 _____は、障害者雇用に対する技術的助言・指導を行う。	公共職業安定所（ハローワーク）

45	_____は、障害者に対する作業遂行力の向上支援や職場内のコミュニケーション能力の向上支援などを行う。	職場適応援助者（ジョブコーチ）
46	就労移行支援は、_____等を希望し、就労が見込まれる原則65歳未満の者が対象である。	一般就労
47	就労移行支援の標準利用期間は、_____か月以内である。	24
48	就労継続支援_____型は、雇用契約に基づく就労が可能な者が対象であり、最低賃金法など労働法の適用を受ける。	A
49	就労移行支援や就労継続支援の利用申込みの窓口は、_____である。	市町村

Q	障害者雇用促進法	A
50	職業指導や職業訓練などの_____の原則を規定している。	職業リハビリテーション
51	_____の交付を受けている精神障害者は、雇用義務の対象となる。	精神障害者保健福祉手帳
52	法定雇用率は、民間企業は_____%、国・地方公共団体は_____%、教育委員会は_____%である。	2.5／2.8／2.7
53	重度身体障害者（週所定労働時間30時間以上）は、1人を_____人として算定する。	2
54	重度身体障害者で、週所定労働時間20時間以上30時間未満の者は1人を_____人として、週所定労働時間10時間以上20時間未満の者（特定短時間労働者）は1人を_____人として算定する。	1／0.5
55	障害者雇用率未達成企業からは_____金を徴収し、達成企業へは_____金を支給する。	障害者雇用納付／障害者雇用調整金や報奨金
56	障害者雇用納付金は、常用労働者が_____人を超える規模の企業が対象である。	100

	Q	A
57	______は、雇用率未達成の事業主に対して、雇入れ計画の作成を命ずることができる。	**厚生労働大臣**
58	______人以上の障害者を雇用する事業所は、______を選任し、障害のある従業員の職業生活に関する相談指導を行わせなければならない。	**5／障害者職業生活相談員**
59	______とは、障害者雇用率の算定において親会社の一事業所とみなされる子会社である。	**特例子会社**

Q 障害者総合支援法の定義と支給決定プロセス　A

	Q	A
60	______は、自立支援給付の円滑な実施を確保するための基本的な指針を定める。	**主務大臣**
61	障害者の定義を、身体障害者、知的障害者、______、______であって、年齢が______歳以上であるものとしている。	**精神障害者（発達障害者を含む）／難病患者等／18**
62	障害児は、障害がある者のうち______歳未満の者をいう。	**18**
63	支給決定を受けようとする障害者又は障害児の保護者は、______に申請をしなければならない。	**市町村**
64	市町村は、申請があったときは、障害者又は障害児の心身の状況、その置かれている環境等について調査を実施し、______の認定を行わなければならない。	**障害支援区分**
65	介護給付の利用には、______の認定が必要である。	**障害支援区分**
66	訓練等給付を希望する場合は、原則______は行われないが、支給決定前に______が行われる。	**障害支援区分の認定／暫定支給決定**
67	障害者又は障害児の保護者の居住地が明らかでないとき、介護給付費の支給決定は、______が行う。	**現在地の市町村**
68	障害支援区分は、______区分に分かれており、有効期間は、原則として______年である。	**6／3**
69	介護給付を希望する場合は、______の作成を行った後に支給決定を行う。	**サービス等利用計画案**

Q　介護給付	A
⑦⓪ 行動援護は、______障害により行動上著しい困難があり、障害支援区分______以上の人が利用対象である。	知的・精神／3
⑦① 同行援護は、______障害により、移動に著しい困難を有する人が利用対象である。	視覚
⑦② 重度訪問介護は、重度の肢体不自由等で常時介護が必要な、障害支援区分______以上の人が利用対象である。	4
⑦③ 重度障害者等包括支援は、障害福祉サービスを包括的に提供するサービスで、原則として障害支援区分______の人が利用できる。	6
⑦④ 生活介護は、主として______に、施設において、介護や創作的活動、生産活動の機会を提供する。	昼間
⑦⑤ 生活介護（施設入所を除く）は、区分______以上（50 歳以上は区分______以上）の者が対象である。	3／2
⑦⑥ 療養介護は、主として昼間に、______等において、機能訓練、療養上の管理、看護、医学的管理の下における介護等を提供する。	病院
⑦⑦ 施設入所支援は、主として______に、介護などを提供する。	夜間

Q　訓練等給付	A
⑦⑧ ______は、身体機能又は生活能力の維持・向上のために必要な訓練を行う。	自立訓練
⑦⑨ ______は、一般企業等での就労が困難な人に、働く場を提供し、必要な訓練を行う。	就労継続支援
⑧⓪ ______は、主として夜間に、共同生活を行う住居で、日常生活上の援助を行う。	共同生活援助
⑧① ______は、一人暮らし等の障害者が居宅で自立した生活を送れるよう、定期的な巡回訪問や随時通報による相談に応じ、助言等を行う。	自立生活援助

Q　地域生活支援事業	A
⑧② 成年後見制度利用支援事業は、______の必須事業である。	市町村

Q	A
83 ______は、高次脳機能障害に対する支援普及事業などの特に専門性の高い相談支援事業を行う。	都道府県
84 ______事業は、障害者等に創作的活動又は生産活動の機会の提供などを行う。	地域活動支援センター機能強化
85 ______事業は、障害者等が円滑に外出することができるよう、障害者等の移動を支援する。	移動支援

Q 自立支援医療	A
86 自立支援医療は、______医療、______医療、______医療がある。	更生／育成／精神通院
87 更生医療は、______障害者が対象である。	18 歳以上の身体
88 ______は、精神通院医療について支給認定を行う。	都道府県

Q 補装具、日常生活用具	A
89 身体障害者、身体障害児共通の補装具の対象は、義肢、装具、座位保持装置、視覚障害者安全つえ、車いす、電動車いす、歩行器、歩行補助つえ、義眼・眼鏡、補聴器、人工内耳、______がある。	重度障害者用意思伝達装置
90 補装具の処方は、______が行う。	身体障害者更生相談所
91 補装具費の利用者負担は、______負担で、一定所得以上の場合は補装具費の支給対象外である。	応能
92 ストーマ装具や収尿器は、______の対象品目である。	日常生活用具

Q 相談機関	A
93 一般相談支援事業者は______が指定するが、特定相談支援事業者は______が指定する。	都道府県知事／市町村長
94 地域相談支援は、______支援と______支援がある。	地域移行／地域定着
95 特定相談支援事業は、______支援と______支援がある。	基本相談／計画相談

96 計画相談支援は、支給決定時の_____支援と計画の見直し時の_____支援がある。	サービス利用／継続サービス利用
97 基幹相談支援センターは、地域における相談支援の中核的な役割を担う機関として、_____が設置することができる。	市町村
98 地方公共団体は、障害者等への支援の体制の整備を図るため、関係機関等により構成される_____を置くように努めなければならない。	協議会

Q　利用者負担	A
99 介護給付費等は、障害福祉サービス等に要する費用の額から、_____を差し引いた額が支給される。	負担上限月額（1割相当額と比べて低いほうの額）
100 _____費は、1か月当たりの障害福祉サービス費の利用者負担が著しく高額であるときに、負担上限月額を超える金額が支給される。	高額障害福祉サービス等給付

Q　介護保険との関係	A
101 障害者総合支援法に基づく自立支援給付と介護保険法に基づく給付は、_____に基づく給付が優先される。	介護保険法

Q　障害児支援	A
102 障害児通所支援の支給決定は_____が、障害児入所支援の入所決定は_____が行う。	市町村／都道府県
103 障害児入所支援は、_____型と_____型がある。	福祉／医療
104 _____は、授業の終了後又は休業日に児童発達支援センター等に通所して、生活能力の向上のために必要な訓練等を行う。	放課後等デイサービス
105 _____は、障害児に対し、保育所等を訪問し、障害児以外の児童との集団生活への適応のための専門的な支援等を行う。	保育所等訪問支援

ワンポイントアドバイス

「障害者基本法」「身体障害者福祉法」「知的障害者福祉法」「精神保健福祉法」「発達障害者支援法」を比較しながら整理しましょう。

5肢選択問題

Q1 障害者基本法に規定されている事項はどれか。1つ選べ。

1. 中央心身障害者対策協議会
2. 障害者政策委員会
3. 基幹相談支援センター
4. 市町村が設置する協議会
5. 障害者雇用率

A 2

障害者基本法第32条で、内閣府に障害者政策委員会を置くと規定されている。

Q2 障害者手帳について正しいものはどれか。1つ選べ。

1. 身体障害者手帳は、1級から7級までである。
2. 知的障害者福祉法は、知的障害を定義している。
3. 知的障害者は、精神保健福祉手帳の交付対象である。
4. 精神障害者保健福祉手帳の有効期間は、3年である。
5. 精神障害者保健福祉手帳には、写真が貼付される。

A 5

身体障害者手帳は6級まで、知的障害者は療育手帳の交付対象、精神障害者保健福祉手帳の有効期間は2年である。

Q3 身体障害者手帳の交付対象となる内部障害はどれか。1つ選べ。

1. 視覚障害
2. そしゃく機能障害
3. 平衡機能障害
4. ヒト免疫不全ウィルスによる免疫機能障害
5. 体幹機能障害

A 4

内部障害にはその他に、心臓機能障害、腎臓機能障害、呼吸器機能障害、膀胱・直腸機能障害、小腸機能障害、肝臓機能障害がある

Q4 精神保健福祉法に規定される者はどれか。1つ選べ。

1. 知的障害者福祉司
2. 相談支援専門員
3. 成年後見人
4. 生活相談員
5. 退院後生活環境相談員

A 5

精神保健福祉法第29条の6などで、退院後生活環境相談員について規定している。

Q5 身体障害者社会参加支援施設はどれか。1つ選べ。

1. 身体障害者福祉センター
2. 障害者支援施設
3. 基幹相談支援センター
4. 障害者就業・生活支援センター
5. 地域活動支援センター

A 1

身体障害者社会参加支援施設は、その他に補装具製作施設、盲導犬訓練施設、視聴覚障害者情報提供施設の4種類である。

Q6 職場適応援助者（ジョブコーチ）はどこから派遣されるか。1つ選べ。

1. 公共職業安定所
2. 障害者職業総合センター
3. 広域障害者職業センター
4. 地域障害者職業センター
5. 障害者就業・生活支援センター

A 4

地域障害者職業センターは各都道府県に設置され、専門的な職業リハビリテーションを行う。

Q7 就労移行支援について正しいものはどれか。1つ選べ。

1. 原則、利用開始時65歳未満が対象である。
2. 利用期間に制限はない。
3. 雇用契約に基づく就労である。
4. 利用するには障害支援区分の認定が必要である。
5. 利用者負担はない。

A 1

障害支援区分の認定は不要で、標準利用期間は24か月である。雇用契約に基づくのは就労継続支援A型である。

Q8 障害者雇用促進法における法定雇用率について正しいものはどれか。1つ選べ。

1. 法定雇用率の算定に精神障害者は含まれない。
2. 重度障害者は1人を3人として計算する。
3. 短時間労働者は1人を3分の1として計算する。
4. 民間企業は2.5%である。
5. 教育委員会は2.6%である。

A 4

2024（令和6）年4月より、法定雇用率は民間企業2.5%、教育委員会2.7%となった。

Q9　障害者総合支援法の「障害者」の定義に含まれないものはどれか。1 つ選べ。

1. 難病患者
2. 発達障害者
3. 知的障害者
4. 身体障害者
5. 障害児

A　5

障害者は、身体障害者、知的障害者、精神障害者（発達障害者を含む）、難病患者等であって、18 歳以上の者。障害児は 18 歳未満と定義されている。

Q10　障害者総合支援法について正しいものはどれか。1 つ選べ。

1. 利用申請は都道府県に行う。
2. 認定調査項目は 74 項目である。
3. 障害支援区分は区分 1 から区分 7 までである。
4. 支給決定に際してはサービス等利用計画案の作成が必要である。
5. 訓練等給付を希望する場合も障害支援区分の認定が行われる。

A　4

市町村に利用申請を行い、80 項目の認定調査により区分 1 から区分 6 に認定される。

Q11　障害者総合支援法の審査請求先はどれか。1 つ選べ。

1. 国
2. 都道府県
3. 市町村
4. 国民健康保険団体連合会
5. 介護保険審査会

A　2

都道府県に設置される障害者介護給付費等不服審査会に審査請求する。

Q12　都道府県地域生活支援事業はどれか。1 つ選べ。

1. 成年後見制度利用支援事業
2. 手話奉仕員養成研修事業
3. 地域活動支援センター機能強化事業
4. 専門性の高い相談支援事業
5. 移動支援事業

A　4

「専門性」の高い事業や、「広域的」に行う事業は、都道府県が実施する。

Q13 自立支援医療の対象はどれか。2つ選べ。

1. 後期高齢者医療
2. 乳幼児医療
3. 育成医療
4. 精神通院医療
5. 特定疾患治療研究事業

A 3、4

自立支援医療は、更生医療、育成医療、精神通院医療の3種類である。

Q14 補装具はどれか。2つ選べ。

1. 特殊寝台
2. 視覚障害者安全つえ
3. 入浴補助用具
4. ストーマ装具
5. 補聴器

A 2、5

補装具は身体の機能を補完・代替するもの。1、3、4は日常生活用具である。

Q15 単身の障害者等に常時の連絡体制を確保し、緊急時の対応等を行うサービスはどれか。1つ選べ。

1. 地域移行支援
2. 地域定着支援
3. サービス利用支援
4. 継続サービス利用支援
5. 居宅介護支援

A 2

1、2は地域相談支援、3、4は計画相談支援、5は介護保険である。

Q16 障害児通所支援に含まれないものはどれか。1つ選べ。

1. 放課後等デイサービス
2. 児童発達支援
3. 居宅訪問型児童発達支援
4. 保育所等訪問支援
5. 放課後児童クラブ

A 5

放課後児童クラブは、地域子ども・子育て支援事業に含まれる。

「自立支援給付」や「地域生活支援事業」などのサービスの利用対象者などについてはよく出題されるので、障害種別（身体、知的、精神）、年齢（障害者、障害児）を区別しながら整理しましょう。

過去問にチャレンジ！

Q

第36回問題56　障害者等の法律上の定義に関する次の記述のうち、最も適切なものを１つ選びなさい。 B

1.「障害者虐待防止法」における障害者とは、心身の機能の障害がある者であって、虐待を受けたものをいう。

2.「障害者総合支援法」における障害者の定義では、難病等により一定の障害がある者を含む。

3. 知的障害者福祉法における知的障害者とは、知的障害がある者であって、都道府県知事から療育手帳の交付を受けたものをいう。

4. 発達障害者支援法における発達障害者とは、発達障害がある者であって、教育支援を必要とするものをいう。

5. 児童福祉法における障害児の定義では、障害がある者のうち、20 歳未満の者をいう。

A　2

1　×　障害及び社会的障壁により継続的に日常生活又は社会生活に相当な制限を受ける状態にある者をいう。

2　○

3　×　知的障害者福祉法では、知的障害を定義していない。

4　×　発達障害及び社会的障壁により日常生活又は社会生活に制限を受ける者をいう。

5　×　18 歳未満の者をいう。

Q **第36回問題60** **事例を読んで、V相談支援事業所のK相談支援専門員がこの段階で紹介する障害福祉サービスとして、最も適切なものを1つ選びなさい。** B

事例

Lさん（30歳、統合失調症）は、週1回の精神科デイケアを利用している。Lさんは、過去に何度かアルバイトをしたことはあるが、症状の再燃により、短期間で辞めていた。最近になって、症状が改善し、生活リズムも安定したことから、将来を見据えて一般就労を希望するようになった。ただし、自分の能力や適性がわからないため、不安が強い。Lさんの相談を受けたK相談支援専門員は、障害福祉サービスを紹介することにした。

1. 就労継続支援A型

2. 就労継続支援B型

3. 就労移行支援

4. 就労定着支援

5. 職場適応援助者（ジョブコーチ）

A 3

1 × 就労継続支援は一般就労が困難な人に働く場を提供するサービスであり、Lさんは一般就労を希望しているので不適切。

2 × 就労継続支援は一般就労が困難な人に働く場を提供するサービスであり、Lさんは一般就労を希望しているので不適切。

3 ○ 就労移行支援は、一般企業等への就労を希望する人に、一定期間、就労に必要な知識、能力の向上のために必要な訓練を行う。

4 × 就労定着支援は、通常の事業所に新たに雇用された障害者を対象とするサービスであり、Lさんはまだ一般就労していないので不適切。

5 × 職場適応援助者（ジョブコーチ）は、企業に雇用される障害者の職場適応に向けて専門的な支援を行うサービスであり、Lさんは一般就労していないので不適切。

10 児童・家庭福祉

A
★★★

出題傾向

	項　目	主に出題される科目	第37回試験予想出題数	出題内容
21	**児童・家庭福祉**	⑭児童・家庭福祉	**2**	○児童の権利・児童福祉の理念 ○児童福祉法 ○子どもの貧困対策 ○女性相談支援
22	**子ども・子育て支援法**	⑭児童・家庭福祉	**1**	○子ども・子育て支援法の概要 ○地域子ども・子育て支援事業
23	**母子・父子・寡婦福祉**	⑭児童・家庭福祉	**1**	○母子父子寡婦福祉法の概要 ○母子父子寡婦福祉資金

児童福祉の理念、児童福祉施設、母子及び父子並びに寡婦福祉の概要などが出題されています。頻出事項をしっかりと押さえていきましょう。

『国試ナビ 2025』
P.132 ～ P.149 参照

穴埋め問題

Q　児童福祉法	A
① ＿＿＿は、児童を心身ともに健やかに育成することについて第一義的責任を負う。	児童の保護者
② ＿＿＿は、児童の保護者を支援しなければならない。	国及び地方公共団体
③ 児童とは、＿＿＿歳に満たない者をいう。	18
④ 乳児は＿＿＿に満たない者、幼児は＿＿＿に達するまでの者をいう。	満 1 歳／満 1 歳から小学校就学の始期
⑤ 少年とは、＿＿＿の始期から、満 18 歳に達するまでの者をいう。	小学校就学
⑥ 保護者は、＿＿＿、＿＿＿その他の者で、児童を現に監護する者である。	親権を行う者／未成年後見人
⑦ ＿＿＿とは、出産後の養育について、出産前において支援を行うことが特に必要と認められる妊婦をいう。	特定妊婦
⑧ 児童福祉施設は、助産施設、乳児院、＿＿＿、保育所、幼保連携型認定こども園、児童厚生施設、児童養護施設、障害児入所施設、児童発達支援センター、児童心理治療施設、児童自立支援施設、児童家庭支援センター、＿＿＿の 13 種類が規定されている。	母子生活支援施設／里親支援センター
⑨ 児童福祉法は、児童福祉司、児童委員、＿＿＿などの専門職について規定している。	保育士
⑩ 児童相談所が親権者の意に反し、＿＿＿か月を超えて一時保護を行うには、家庭裁判所の承認が必要である。	2

Q　被措置児童等虐待の防止等	A
⑪ 被措置児童等虐待を受けたと思われる児童を発見した者は、速やかに、児童相談所などに＿＿＿。	通告しなければならない

⑫ ＿＿＿は、通告を受けたときは、速やかに、当該被措置児童等の状況の把握など必要な措置を講ずる。	都道府県

Q 要保護児童対策地域協議会	A
⑬ 地方公共団体は、要保護児童対策地域協議会を置くように＿＿＿。	努めなければならない
⑭ 要保護児童対策地域協議会は、要保護児童等に関する必要な情報の交換を行うとともに、要保護児童等に対する＿＿＿などを行う。	支援の内容に関する協議

Q 子育て家庭への支援	A
⑮ ＿＿＿事業は、家事・子育て等に対して不安や負担を抱える子育て家庭、妊産婦、ヤングケアラー等がいる家庭の居宅を、訪問支援員が訪問し、家事・子育て等の支援を実施する。	子育て世帯訪問支援
⑯ ＿＿＿事業は、親子間における適切な関係性の構築を図ることを目的として、児童の心身の発達の状況等に応じた情報の提供、相談及び助言その他の必要な支援を行う。	親子関係形成支援

Q こども家庭センター	A
⑰ 市町村は、こども家庭センターの設置に＿＿＿。	努めなければならない
⑱ こども家庭センターは、要支援児童等その他の者に対して、＿＿＿の作成その他の包括的かつ計画的な支援を行う。	サポートプラン

Q 児童福祉の理念	A
⑲ アメリカにおける第１回＿＿＿会議では、「児童は緊急やむを得ない理由がない限り、家庭生活から引き離されてはならない」という声明が出された。	ホワイトハウス（児童福祉白亜館）
⑳ 1989年に採択された児童の権利に関する条約を、日本は＿＿＿年に批准した。	1994（平成6）
㉑ 児童の権利に関する条約は、児童を＿＿＿歳未満のすべての者としている。	18

㉒ 児童の権利に関する条約は、児童が_____権利を確保すると明記している。

自由に自己の意見を表明する

Q 社会的養護　A

㉓ _____施設は、保護者のない児童、虐待されている児童などを入所させて養護する施設である。

児童養護

㉔ _____施設は、配偶者のない女子やその監護する児童を入所させ、生活を支援する施設である。

母子生活支援

㉕ _____施設は、環境上の理由により社会生活への適応が困難となった児童を、短期間、入所又は通所させて、社会生活に適応するために必要な心理に関する治療及び生活指導等を行う。

児童心理治療

㉖ _____事業は、義務教育終了後、児童養護施設等を退所し、社会的自立ができていない児童に対し、自立援助ホームにおいて相談、生活指導等を行う。

児童自立生活援助

Q 里親、ファミリーホーム等　A

㉗ 里親には、養育里親、養子縁組里親、親族里親、_____里親の４種類がある。

専門

㉘ 里親となることを希望する者に配偶者がいなくても、_____が認めれば里親として認定される。

都道府県知事

㉙ 小規模住居型児童養育事業（ファミリーホーム）の定員は、_____人である。

５～６

Q 里親支援センター　A

㉚ 里親支援センターは、_____事業を行うほか、里親及び里親に養育される児童、里親になろうとする者について相談その他の援助を行うことを目的とする施設である。

里親支援

Q 社会的養護自立支援拠点事業　A

㉛ 社会的養護自立支援拠点事業は、_____等の措置解除者等が相互の交流を行う場所を開設し、必要な支援を行う事業である。

児童養護施設

Q こども基本法	A
㉜ こども基本法において、「こども」とは、_____者をいう。	心身の発達の過程にある
㉝ 政府は、こども施策を総合的に推進するため、_____を定めなければならない。	こども施策に関する大綱
㉞ こども家庭庁に、特別の機関として、_____会議を置く。	こども政策推進

Q 不登校	A
㉟ 不登校児童生徒とは、相当の期間学校を欠席する児童生徒で、何らかの心理的、情緒的、身体的要因又は背景によって、児童生徒が出席しない又は出席することができない状況で、_____による場合を除く。	病気又は経済的理由

Q いじめ	A
㊱ いじめとは、児童等に対して、他の児童等が行う心理的又は物理的な影響を与える行為（インターネットを通じて行われるものを含む）であって、当該行為の対象となった児童等が_____を感じているものをいう。	心身の苦痛

Q 子どもの貧困対策の推進に関する法律	A
㊲ 子どもの貧困対策では、子どもの年齢及び発達の程度に応じて、その意見が尊重され、その_____が優先して考慮されなければならない。	最善の利益

Q 子ども・若者育成支援推進法	A
㊳ 市町村は、市町村子ども・若者計画を作成_____。	するよう努める

Q 女性支援法	A
㊴ 困難な問題を抱える女性とは、_____その他の様々な事情により日常生活又は社会生活を円滑に営む上で困難な問題を抱える女性（そのおそれのある女性を含む）をいう。	性的な被害、家庭の状況、地域社会との関係性
㊵ 都道府県は、女性相談支援センターを設置_____。	しなければならない

㊶ ＿＿＿は、困難な問題を抱える女性について、その発見に努め、その立場に立って相談に応じ、及び専門的技術に基づいて必要な援助を行う。	女性相談支援員
㊷ ＿＿＿施設は、困難な問題を抱える女性を入所させて、その保護を行うとともに、心身の健康の回復を図るための医学的又は心理学的な援助を行い、その自立の促進のためにその生活を支援する施設である。	女性自立支援

Q　子ども・子育て支援法	A
㊸ 子ども・子育て支援給付の総合的・計画的実施は＿＿＿の責務である。	市町村
㊹ 子どものための教育・保育給付は＿＿＿に対して行う。	小学校就学前子どもの保護者
㊺ 子どものための教育・保育給付は、＿＿＿給付と＿＿＿給付がある。	施設型／地域型保育
㊻ 幼保連携型認定こども園は、＿＿＿として位置づけられている。	学校及び児童福祉施設
㊼ 地域型保育は、小規模保育、家庭的保育、＿＿＿保育、＿＿＿保育がある。	居宅訪問型／事業所内
㊽ 小規模保育の定員は＿＿＿人、家庭的保育の定員は＿＿＿人以下である。	6～19／5
㊾ 保育の必要性の認定は、＿＿＿が行う。	市町村
㊿ 教育を希望する満3歳以上の子どもは、＿＿＿号認定、保育を必要とする事由に該当する満3歳以上の子どもは、＿＿＿号認定である。	1／2

Q　地域子ども・子育て支援事業	A
51 ＿＿＿事業は、養育支援が特に必要な児童や保護者に対し、居宅において養育に関する相談・指導などを行う。	養育支援訪問

52 ＿＿＿事業は、病気の児童について保育所等において保育を行う事業である。	病児保育
53 ＿＿＿事業は、地域の子育ての中の親子の交流促進や育児相談等を行う。	地域子育て支援拠点
54 ＿＿＿事業は、保護者が昼間家庭にいない児童で、原則として小学校に就学している児童を対象としている。	放課後児童健全育成
55 乳児家庭全戸訪問事業は、＿＿＿までの乳児のいるすべての家庭を訪問して、指導を行う。	生後 4 か月

Q　母子及び父子並びに寡婦福祉	A
56 母子世帯と父子世帯は、＿＿＿世帯のほうが多い。	母子
57 母子世帯になった理由としては、＿＿＿が多い。	離婚
58 母子及び寡婦福祉法において、児童とは＿＿＿歳未満の者をいう。	20
59 ひとり親家庭等日常生活支援事業の利用対象は、＿＿＿である。	母子・父子家庭及び寡婦
60 ＿＿＿事業は、母子家庭の母及び父子家庭の父並びに寡婦の就業支援など自立支援を図るための事業を行う。	母子家庭等就業・自立支援
61 母子・父子福祉施設は、＿＿＿と＿＿＿である。	母子・父子福祉センター／母子・父子休養ホーム
62 母子父子寡婦福祉資金の実施主体は、＿＿＿である。	都道府県、指定都市、中核市

ワンポイントアドバイス

こども基本法、こども家庭庁設置法が 2023（令和 5）年 4 月に施行されました。

5肢選択問題

Q1 児童福祉法の定義について正しいものはどれか。1つ選べ。

1. 児童とは満20歳に満たない者をいう。
2. 乳児は満1歳に満たないものをいう。
3. 幼児は中学校就学の始期に達するまでの者をいう。
4. 少年は満20歳に達するまでの者としている。
5. 妊産婦とは妊娠中の女子としている。

A 2

妊産婦とは、妊娠中又は出産後1年以内の女子をいう。

Q2 児童福祉法について正しいものはどれか。1つ選べ。

1. 親からの児童虐待の定義を規定している。
2. 保護者とは親権者であると規定している。
3. 特別児童扶養手当について規定している。
4. 保育士の資格について規定している。
5. 母子福祉資金について規定している。

A 4

1は児童虐待防止法、3は特別児童扶養手当法、5は母子父子寡婦福祉法で規定している。

Q3 児童が「自由に自己の意見を表明する権利を確保する」と明記しているものはどれか。1つ選べ。

1. 児童福祉法
2. 児童の権利に関する条約
3. 児童虐待の防止等に関する法律
4. 児童権利宣言
5. 児童憲章

A 2

児童の権利に関する条約の第12条で明記している。

Q4 子どものための教育・保育給付の「施設型給付」はどれか。1つ選べ。

1. 小規模保育
2. 家庭的保育
3. 居宅訪問型保育
4. 事業所内保育
5. 認定こども園

A 5

1～4は、「地域型保育給付」である。

Q5 子どものための教育・保育給付の「地域型保育給付」はどれか。1 つ選べ。

1. 病児保育
2. 認定こども園
3. 幼稚園
4. 預かり保育
5. 家庭的保育

A 5

地域型保育は、その他に小規模保育、事業所内保育、居宅訪問型保育がある。

Q6 保護者の疾病等により一時的に養育が困難になった場合に利用できる事業はどれか。2 つ選べ。

1. 子育て短期支援事業
2. 一時預かり事業
3. 利用者支援事業
4. 養育支援訪問事業
5. 乳幼児家庭全戸訪問事業

A 1、2

3 は保育を行う事業、4、5 は子育てに関する情報提供や相談などを行う事業。

Q7 女性支援法に基づく施設はどれか。1 つ選べ。

1. 児童養護施設
2. 児童自立支援施設
3. 母子生活支援施設
4. 女性自立支援施設
5. 母子・父子福祉施設

A 4

1、2、3 は児童福祉法、5 は母子父子寡婦福祉法に基づく施設。

Q8 母子父子寡婦福祉資金貸付制度の実施主体はどれか。1 つ選べ。

1. 国
2. 都道府県（指定都市、中核市を含む）
3. 市町村
4. 都道府県社会福祉協議会
5. 母子・父子福祉センター

A 2

都道府県社会福祉協議会は、生活福祉資金貸付制度の実施主体。

過去問にチャレンジ！

Q **第34回問題137** **次の記述のうち、児童福祉法に定められた事業の説明として、最も適切なものを 1 つ選びなさい。** B

1. 児童発達支援は、未就学の児童とその保護者を対象に、「子育てひろば」を実施する取組である。

2. 放課後等デイサービスは、小学校に通う児童を対象に、放課後、小学校の空き教室や児童館等の公共施設において「学童保育」を実施する取組である。

3. 保育所等訪問支援は、保育所等に入所している健診未受診の乳幼児を対象に、保健師が保育所等を訪問する取組である。

4. 児童自立生活援助事業は、「自立援助ホーム」における相談その他の日常生活上の援助及び生活指導並びに就業の支援を行う取組である。

5. 子育て短期支援事業は、出産直後の子育て家庭を対象に、居宅を訪問して家事支援等を行う取組である。

A 4

1 × 「地域子育て支援拠点事業」の説明である。

2 × 「放課後児童健全育成事業」の説明である。

3 × 障害児を対象に、保育所等を訪問する。

4 ○

5 × 一定期間子どもを預かる事業である。

11 公的扶助

A ★★★

出題傾向

	項　目	主に出題される科目	第37回試験予想出題数	出題内容
24	**生活保護の概要**	⑤社会保障 ⑮貧困に対する支援	6	○貧困に対する制度の発展過程 ○生活保護制度の動向 ○生活保護法の原理原則 ○最低生活費と生活保護基準
25	**生活困窮者支援**	⑦地域福祉と包括的支援体制 ⑭児童・家庭福祉 ⑮貧困に対する支援	1	○生活困窮者自立支援法の概要 ○ホームレス自立支援法の概要 ○生活福祉資金貸付制度
26	**社会手当**	⑤社会保障 ⑭児童・家庭福祉	1	○児童手当法の概要 ○児童扶養手当法の概要 ○特別児童扶養手当法の概要

公的扶助はデータ、歴史、生活保護の概要、生活福祉資金貸付、社会手当などから出題されています。法改正が少ない科目なので頻出事項を整理すると高得点が狙える単元です。

穴埋め問題

Q　生活保護の歴史	A
① 恤救規則は、救済は無告の窮民に限られ、救済方法は______した。	米代を金銭給付
② 恤救規則は、高齢者については、______歳以上の就労できない者を救済の対象とした。	70
③ 救護法は、労働能力のある者は保護の対象外とし、______での救護を原則とした。	居宅
④ 救護法における保護の種類は、生活扶助、生業扶助、助産、______の 4 種類であった。	医療
⑤ 旧生活保護法（1946（昭和 21）年）は制定時、民生委員を市町村が行う保護事務の______機関と定めていた。	補助
⑥ 旧生活保護法では生活扶助に含まれていた教育及び住宅に関する保護が、新生活保護法（1950（昭和 25）年）で、______扶助、______扶助として新たに創設された。	教育／住宅
⑦ 旧生活保護法では、素行不良な者や、______者は保護の対象としなかった。	勤労の意思のない
⑧ 扶養義務者のいる者も保護の対象に含み、不服申立ての制度を規定したのは、______からである。	現行生活保護法（1950（昭和25）年）

Q　生活保護の統計（2022（令和 4）年度）	A
⑨ 被保護者は約______万人、被保護世帯は約______万世帯、保護率（人口百対）は______％である。	202 ／ 164 ／ 1.62
⑩ 被保護実人員は、1995（平成 7）年度の時点よりも______している。	増加
⑪ 保護の開始理由は______が最も多く、廃止理由は______が最も多い。	貯金等の減少・喪失／死亡

Q	A
⑫ 世帯人員別保護世帯の構成比をみると、単身世帯は＿＿＿%を占めている。	84
⑬ 保護の種類別扶助人員をみると、＿＿＿扶助が最も多い。	生活
⑭ 介護扶助は、一貫して＿＿＿している。	増加

Q 原理・原則	A
⑮ 生活保護法は、＿＿＿が生活に困窮するすべての国民に対し、その困窮の程度に応じ、必要な保護を行い、最低限度の生活を保障するとともにその自立を助長することを目的としている。	国
⑯ 生活保護の4つの基本原理は、国家責任の原理、無差別平等の原理、＿＿＿、＿＿＿である。	最低生活の原理／保護の補足性の原理
⑰ 生活保護の4つの保護の原則は、申請保護の原則、基準及び程度の原則、＿＿＿、＿＿＿である。	必要即応の原則／世帯単位の原則
⑱ 民法に定める扶養義務者の扶養は、生活保護法による保護に＿＿＿して行われる。	優先
⑲ 申請保護が原則であるが、＿＿＿状況にあるときは、保護の申請がなくても、必要な保護を行うことができる。	要保護者が急迫した
⑳ 保護は、＿＿＿の定める基準により測定した要保護者の需要を基とし、そのうち、その者の金銭又は物品で満たすことのできない不足分を補う程度において行う。	厚生労働大臣
㉑ 生活保護の基準は、最低限度の生活の需要を満たすに十分なものであって、かつ、これを＿＿＿ものでなければならない。	超えない
㉒ 生活保護法による保護は、要保護者の年齢別、性別、健康状態等その個人又は世帯の実際の必要の相違を考慮して、＿＿＿に行われる。	有効かつ適切

Q 権利・義務	A
㉓ 被保護者の3つの権利は、不利益変更の禁止、＿＿＿、＿＿＿である。	公課禁止／差押禁止

㉔ 被保護者の５つの義務は、＿＿＿、＿＿＿、届出の義務、指示等に従う義務、費用返還義務である。 | 譲渡禁止／生活上の義務

Q 生活保護の概要	A
㉕ 保護を必要とする状態にある者を＿＿＿者、現に保護を受けている者を＿＿＿者という。	要保護／被保護
㉖ 保護の申請は、要保護者、その扶養義務者のほか、＿＿＿がすることができる。	要保護者の同居の親族
㉗ 扶助のうち、原則として現物給付されるのは、＿＿＿である。	医療扶助、介護扶助
㉘ 40 歳以上 65 歳未満で医療保険未加入の生活保護受給者は、介護保険の被保険者とは＿＿＿。	ならない
㉙ 扶養義務者が民法の規定による扶養義務を履行していないと認められる場合において、保護の開始の決定をしようとするときは、一定の扶養義務者に対して＿＿＿を行う。	書面による通知

Q 生活扶助	A
㉚ 生活扶助費の算定基準は、標準生計費方式⇒マーケット・バスケット方式⇒エンゲル方式⇒＿＿＿方式⇒＿＿＿方式と変更された。	格差縮小／水準均衡
㉛ ＿＿＿方式とは、最低生活を営むために必要な個々の費目を一つひとつ積み上げて最低生活費を算出する方式である。	マーケット・バスケット
㉜ 保護金品は、＿＿＿を限度として前渡しし、居宅においては＿＿＿に計算し、原則として＿＿＿に交付する。	１月分以内／世帯単位／世帯主
㉝ 第１類は＿＿＿単位の経費、第２類は＿＿＿単位の経費である。	個人／世帯
㉞ 小・中学校の入学準備金は、＿＿＿扶助として支給される。	一時
㉟ 介護施設に入所している被保護者の一般的な日常生活に要する費用は、＿＿＿費として支給される。	介護施設入所者基本生活
㊱ 母子加算は、＿＿＿世帯が対象である。	母子及び父子
㊲ 介護保険料加算は、介護保険の第＿＿＿号被保険者の介護保険料に対する加算である。	1

Q 出産扶助	A
38 出産扶助は、原則_____給付によって行い、_____に対して交付する。	金銭／被保護者

Q 教育扶助	A
39 教育扶助は、原則_____給付によって行い、被保護者、親権者、未成年後見人の他、被保護者が通学する_____に対しても交付できる。	金銭／学校の長

Q 生業扶助	A
40 生業扶助は、就職のための就職支度費や_____等への就学費用も対象となる。	高等学校

Q 住宅扶助	A
41 住宅扶助は、家賃や敷金等のほか、_____も含まれる。	補修その他住宅の維持のために必要なもの
42 住宅扶助は、原則_____給付によって行う。現物給付は、_____に委託して行う。	金銭／宿所提供施設

Q 医療扶助	A
43 医療扶助の範囲は、診察、薬剤、手術などで、原則_____給付によって行う。	現物
44 被保護者が、入退院、通院をした場合に要した交通費は、_____費として支給される。	移送
45 医療の給付は、医療保護施設又は_____に委託して行う。	指定医療機関

Q 介護扶助	A
46 要介護者に対する介護扶助の範囲は、居宅介護、福祉用具、住宅改修、施設介護、_____である。	移送
47 居宅介護は、_____に基づき行うものに限る。	居宅介護支援計画
48 居宅介護等の給付は、_____に委託して行う。	指定介護機関

Q 葬祭扶助	A
49 葬祭扶助の範囲は、検案、死体の運搬、______、納骨などである。	火葬又は埋葬

Q 保護の開始	A
50 保護の開始の申請があったときは、申請のあった日から原則______日以内に保護の要否を決定し、通知しなければならない。	14
51 資力調査等に日時を要する場合は、保護の開始の申請から______日まで保護の決定を延ばすことができる。	30

Q 保護施設	A
52 保護施設は、救護施設、更生施設、医療保護施設、______、______の５種類である。	授産施設／宿所提供施設
53 救護施設と更生施設は、______扶助を行うことを目的とする施設である。	生活
54 保護施設のうち、第２種社会福祉事業は、______施設である。	医療保護

Q 生活保護受給者等の就労支援	A
55 被保護者就労支援事業では、______による面接の受け方の支援などが行われる。	就労支援員
56 被保護者就労準備支援事業は、就労自立や日常生活自立に関する支援のほか、______自立に関する支援も含まれる。	社会生活
57 ______事業は、ハローワークと地方自治体の協定等による連携を基盤としたチーム支援方式により、支援対象者の就労による自立を促進する。	生活保護受給者等就労自立促進

Q 自立支援プログラム	A
58 自立支援プログラムの内容は、経済的自立に加え、______自立、______自立のための支援も行われる。	社会生活／日常生活

Q 無料低額宿泊所	A
59 無料低額宿泊所は、______法に規定された、______社会福祉事業である。	社会福祉／第２種

Q 生活困窮者自立支援制度	A
60 実施主体は、＿＿＿である。	都道府県、市、福祉事務所を設置する町村
61 生活困窮者自立支援事業のうち、必須事業は＿＿＿、＿＿＿の支給である。	自立相談支援事業／住居確保給付金
62 ＿＿＿は、離職等により住宅を失った生活困窮者等に対し、家賃相当額を支給するものである。	生活困窮者住居確保給付金
63 ＿＿＿事業は、雇用による就業が著しく困難な生活困窮者に対し、就労に必要な知識及び能力の向上のために必要な訓練を行うものである。	生活困窮者就労準備支援
64 生活困窮者自立相談支援事業では、主任相談支援員、相談支援員、＿＿＿を配置する。	就労支援員
65 生活福祉資金の総合支援資金や緊急小口資金の貸付は、＿＿＿事業の利用が要件となっている。	自立相談支援

Q ホームレス対策	A
66 「ホームレス」とは、＿＿＿その他の施設を故なく起居の場所とし、日常生活を営んでいる者をいう。	都市公園、河川、道路、駅舎
67 国は、地方公共団体の協力を得て＿＿＿を行わなければならない。	ホームレスの実態に関する全国調査
68 ホームレス数は、近年＿＿＿傾向にある。	減少
69 ホームレスの性別人数では、＿＿＿性のほうが多数を占めている。	男

Q 生活福祉資金	A
70 生活福祉資金貸付制度の実施主体は＿＿＿社会福祉協議会であるが、貸付の申し込みは＿＿＿社会福祉協議会等を通じて行う。	都道府県／市町村
71 貸付対象は、＿＿＿世帯、＿＿＿世帯、＿＿＿世帯である。	低所得／障害者／高齢者

72 貸付の種類は、＿＿資金、福祉資金、教育支援資金、不動産担保型生活資金である。	総合支援
73 貸付にあたっては、原則として＿＿が必要であるが、なくても貸付は可能である。	連帯保証人
74 不動産担保型生活資金は、＿＿世帯を対象としている。	低所得の高齢者

Q　社会手当	A
75 児童手当は、3 歳に満たない児童の場合、月額＿＿円が支給される。	15000
76 児童養護施設等に入所している児童の児童手当は、＿＿に支給する。	施設等の設置者
77 被用者に対する児童手当の費用（3 歳未満の部分に限る）に充てるため、＿＿は拠出金を納付する義務がある。	事業主
78 非被用者の児童手当（3 歳以上）の費用は、国が＿＿、地方自治体が＿＿を負担する。	3 分の 2 ／ 3 分の 1
79 児童扶養手当の支給対象児童は、＿＿歳に達する日以後の最初の 3 月 31 日（障害児は 20 歳未満）までである。	18
80 特別児童扶養手当は、1 級から＿＿級までであり、障害児を監護する父母等に支給される。	2
81 障害児福祉手当は、＿＿に対し支給される手当である。	精神又は身体の重度障害児（20 歳未満）
82 児童扶養手当や特別児童扶養手当などは、施設等（母子生活支援施設等を除く）の入所者に支給＿＿。	されない

ワンポイントアドバイス

「生活保護制度」は法改正が少ない単元で、繰り返し同じ内容が出題されているので、得意分野にしましょう。

5肢選択問題

Q1 生活保護世帯の人数と世帯数の組合せはどれか。1つ選べ。

1. 約100万人、約60万世帯
2. 約150万人、約100万世帯
3. 約200万人、約160万世帯
4. 約250万人、約200万世帯
5. 約300万人、約260万世帯

A 3

2022（令和4）年度は、202万人、164万世帯である。

Q2 保護の廃止理由で最も多いものはどれか。1つ選べ。

1. 働きによる収入の増加・取得・働き手の転入
2. 失そう
3. 社会保障給付金の増加
4. 傷病治癒
5. 死亡

A 5

2022（令和4）年度は、死亡が約51％で最も多い。

Q3 生活扶助について正しいものはどれか。1つ選べ。

1. 第1類は世帯単位の経費である。
2. 冬季加算は10月から12月まで加算される。
3. 児童養育加算は子が義務教育就学前まで加算される。
4. 介護保険の第2号被保険者は介護保険料加算が加算される。
5. 施設介護を受けている場合は、施設の長に対して交付することができる。

A 5

第1類は個人単位の経費。冬季加算は10（又は11）月から翌4（又は3）月まで。児童養育加算は高校生まで加算され、第1号被保険者に介護保険料加算がある。

Q4 生活保護の開始について正しいものはどれか。1つ選べ。

1. 保護の要否は、口頭で通知する。
2. 保護の要否の通知は、申請があったときから60日以内にしなければならない。
3. 保護の開始の申請は、町村長を経由してすることはできない。
4. 急迫した状況の場合は、職権で保護を決定することができる。
5. 保護の変更は、口頭で通知する。

A 4

保護の要否は、申請があった日から原則14日以内に書面で通知される。

Q5 保護施設はどれか。2つ選べ。

1. 救護施設
2. 更生保護施設
3. 養護老人ホーム
4. 宿所提供施設
5. 自立準備ホーム

A 1、4

保護施設は、そのほかに、更生施設、授産施設、医療保護施設がある。

Q6 生活困窮者自立支援制度の必須事業はどれか。2つ選べ。

1. 自立相談支援事業
2. 住居確保給付金
3. 就労準備支援事業
4. 家計改善支援事業
5. 子どもの学習・生活支援事業

A 1、2

1、2は必須事業。3、4は努力義務、5は任意事業である。

Q7 社会手当について正しいものはどれか。1つ選べ。

1. 児童手当は、施設入所等児童には支給されない。
2. 児童手当は、事業主の負担はない。
3. 児童扶養手当は、父子家庭には支給されない。
4. 障害児福祉手当には、所得制限はない。
5. 特別児童扶養手当は、障害児入所施設の入所者には支給されない。

A 5

児童手当は施設入所等児童にも支給され、事業主の負担がある。児童扶養手当は父子家庭にも支給される。障害児福祉手当には所得制限がある。

Q8 生活福祉資金貸付制度について正しいものはどれか。1つ選べ。

1. 実施主体は、都道府県、指定都市、中核市である。
2. 貸付対象に、母子世帯が含まれる。
3. 申込は、消費生活センターを通じて行う。
4. 連帯保証人を立てないと貸付できない。
5. 資金の種類は、総合支援資金、福祉資金、教育支援資金、不動産担保型生活資金がある。

A 5

実施主体は、都道府県社会福祉協議会で、高齢者、障害者、低所得世帯が貸付対象である。

過去問にチャレンジ！

Q **第36回問題65　生活保護の種類と内容に関する次の記述のうち、正しいものを1つ選びなさい。** B

1. 生活扶助の第1類の経費は、世帯共通の費用とされている。
2. 住宅扶助には、住宅の補修その他住宅の維持のために必要な経費が含まれる。
3. 介護扶助には、介護保険の保険料が含まれる。
4. 医療扶助によって、入院中の被保護者に対して入院患者日用品費が支給される。
5. 出産扶助は、原則として現物給付によって行われる。

A 2

1　×　第1類の経費は、「個人単位」の費用とされる。

2　○

3　×　「生活扶助」に介護保険の保険料が含まれる。

4　×　「生活扶助」によって入院患者日用品費が支給される。

5　×　出産扶助は、原則「金銭給付」によって行われる。

Q **第36回問題67** **事例を読んで、Cさんが生活福祉資金貸付制度を利用する場合の内容に関する次の記述のうち、最も適切なものを1つ選びなさい。** B

事例

Cさん（50歳）は、R市で一人暮らしをしていたが、会社が倒産し、無職となった。雇用保険（基本手当）の給付を受けていたが、受給期間終了後も再就職先が見つからず、生活が苦しくなったので生活福祉資金貸付制度の総合支援資金を利用したいと思い、R市の社会福祉協議会に相談に訪れた。

1. 貸付を受けるためには、連帯保証人が必須となる。

2. 貸付金の償還が免除されることはない。

3. 離職理由によって、最終貸付日から返済が開始されるまでの据置期間が異なる。

4. 借入れの申込み先は、R市の福祉事務所である。

5. 資金の貸付けを受ける場合には、必要な相談支援を受けることが求められる。

A 5

1 × 原則として、連帯保証人を立てることが必要だが、連帯保証人を立てない場合も借入できる。

2 × 申請により償還が免除されることがある。

3 × 離職理由によって異ならない。

4 × 社会福祉協議会である。

5 ○

12 行政計画

B
★★☆

出題傾向

	項目	主に出題される科目	第37回試験予想出題数	出題内容
27	**福祉計画**	⑦地域福祉と包括的支援体制 ⑧障害者福祉 ⑬高齢者福祉 ⑭児童・家庭福祉	3	○地域福祉計画 ○老人福祉計画 ○介護保険事業計画 ○障害福祉計画 ○子ども・子育て支援事業計画
28	**保健・医療に関する計画**	⑯保健医療と福祉	1	○医療提供体制の整備（地域医療の指針、医療計画） ○医療圏

福祉計画や医療計画についてまんべんなく出題されています。計画期間や義務規定などについて各計画を比較しながら整理しましょう。

『国試ナビ 2025』
P.168～P.179 参照

穴埋め問題

Q 地域福祉計画	A
❶ 地域福祉計画は、______法に基づく計画である。	社会福祉
❷ 市町村は、市町村地域福祉計画を策定するよう______。	努めなければならない
❸ 2023（令和 5）年 4 月現在、地域福祉計画を策定している都道府県は約______%、市町村は約______%である。	100 ／ 86
❹ 市町村地域福祉計画を策定するときは、あらかじめ、______等の意見を反映させるよう努めるとともに、その内容を公表するよう努める。	地域住民
❺ 社会福祉を目的とする事業に従事する者の確保に関する事項は、______計画で定める。	都道府県地域福祉支援

Q 老人福祉計画	A
❻ 老人福祉計画は、______法に基づく計画である。	老人福祉
❼ 市町村老人福祉計画においては、当該市町村の区域において確保すべき______の量の目標を定めるものとする。	老人福祉事業
❽ 老人福祉計画と介護保険事業（支援）計画は、______のものとして策定する。	一体
❾ 老人福祉計画と地域福祉計画は、______が保たれたものでなければならない。	調和

Q 介護保険事業計画	A
❿ 厚生労働大臣は、基本指針を定めるに当たっては、あらかじめ、______大臣等に協議しなければならない。	総務
⓫ ______は、介護保険事業計画において、日常生活圏域を定めることとされている。	市町村

⑫ 市町村介護保険事業計画においてサービスの種類ごとの量の見込みを定め、又は変更しようとするときは、あらかじめ、______の意見を聴かなければならない。	都道府県
⑬ 市町村介護保険事業計画の策定に当たって、市町村はあらかじめ、______の意見を反映させるために必要な措置を講ずるものと定めている。	被保険者
⑭ 介護保険事業（支援）計画は、______年を一期とする計画である。	3
⑮ 地域支援事業の量の見込みは、______介護保険事業計画で定める。	市町村
⑯ 市町村は、市町村介護保険事業計画に規定する介護サービスの見込量に基づき、その市町村に居住する______の保険料額を定めなければならない。	第 1 号被保険者
⑰ 市町村は、施策の実施状況等に関する調査及び分析を行い、______を行う。	計画の実績に関する評価
⑱ 都道府県介護保険事業支援計画は、医療介護総合確保法に基づく都道府県計画及び医療計画と______の確保が図られたものでなければならない。	整合性
⑲ 各年度の介護保険施設の種類ごとの必要入所定員総数や介護サービス情報の公表に関する事項は、______計画で定める。	都道府県介護保険事業支援

Q 障害者計画	A
⑳ 障害者計画は、______法に基づく計画である。	障害者基本
㉑ 政府は、障害者の自立及び社会参加の支援等のための施策の総合的かつ計画的な推進を図るため、______を策定しなければならない。	障害者基本計画
㉒ 都道府県は______計画、市町村は______計画を策定しなければならない。	都道府県障害者／市町村障害者
㉓ 都道府県は、都道府県障害者計画を策定又は変更するに当たっては、______(障害者基本法第 36 条第 1 項の合議制の機関）の意見を聴かなければならない。	障害者施策推進協議会

㉔ 障害者基本法に規定する障害者基本計画は、______が実施状況を監視するものとされている。	障害者政策委員会

Q 障害福祉計画	A
㉕ 主務大臣は、障害福祉サービス等の提供体制を整備し、自立支援給付等の円滑な実施を確保するための______を定める。	基本指針
㉖ 障害福祉計画と障害者計画は、______が保たれたものでなければならない。	調和
㉗ 市町村障害福祉計画は、______年を一期とする計画である。	3
㉘ 市町村は、市町村障害福祉計画を定め、又は変更しようとするときは、あらかじめ、______の意見を反映させるために必要な措置を講ずるよう努める。	住民
㉙ 市町村は、市町村障害福祉計画を定めたときは、______に提出しなければならない。	都道府県知事
㉚ 各年度の指定障害者支援施設の必要入所定員総数に関する事項は、______障害福祉計画で定める。	都道府県
㉛ 都道府県は、障害福祉計画を策定又は変更するに当たっては、______（障害者基本法第 36 条第 1 項の合議制の機関）の意見を聴かなければならない。	障害者施策推進協議会

Q 障害児福祉計画	A
㉜ 市町村障害児福祉計画は、市町村障害福祉計画と______のものとして作成することができる。	一体
㉝ 指定障害児入所施設等の障害児入所支援の質の向上のために講ずる措置に関する事項は、______ 障害児福祉計画で定めるよう努める。	都道府県

Q 次世代育成支援行動計画	A
㉞ ______は、基本理念にのっとり行動計画策定指針を定めなければならない。	主務大臣

Q	A
35 都道府県行動計画、市町村行動計画は、＿＿年を一期として策定することができる。	5
36 市町村は、市町村行動計画を策定しようとするときは、あらかじめ、＿＿の意見を反映させるために必要な措置を講ずるよう努めなければならない。	事業主、労働者その他の関係者
37 一般事業主行動計画は、従業員数＿＿人を超える企業が策定しなければならない。	100

Q 子ども・子育て支援事業計画	A
38 市町村子ども・子育て支援事業計画は、＿＿の定める基本指針に即して策定される。	内閣総理大臣
39 市町村は、＿＿年を一期とする市町村子ども・子育て支援事業計画を策定する。	5
40 市町村子ども・子育て支援事業計画では、＿＿の必要利用定員総数や提供体制確保の内容などを定める。	特定教育・保育施設
41 市町村は、子ども・子育て支援事業計画において、＿＿区域を定めることとされている。	教育・保育提供
42 ＿＿子ども・子育て支援事業支援計画では、教育・保育情報の公表に関する事項を定めるよう努める。	都道府県
43 都道府県子ども・子育て支援事業支援計画を定めたとき、又は変更したときは＿＿に提出しなければならない。	内閣総理大臣

Q 医療計画	A
44 医療計画は、＿＿法に基づく計画である。	医療
45 医療計画は、＿＿が策定し、少なくとも＿＿年ごと（在宅医療その他必要な事項は3年ごと）に見直す。	都道府県／6
46 ＿＿次医療圏は、高度な技術を提供する特殊な医療を行う医療圏で、＿＿を単位として認定する。	三／都道府県
47 医療計画における二次医療圏は、介護保険事業支援計画の＿＿圏域とほぼ同様に想定されている。	老人福祉

48 医療計画のなかに重点的に盛り込む5疾病は、がん、脳卒中、心筋梗塞等の心血管疾患、糖尿病、______である。	精神疾患
49 医療計画は6事業と在宅医療を盛り込むが、その6事業とは、______、災害時における医療、へき地の医療、周産期医療、小児医療（小児救急医療を含む）、新興感染症発生・まん延時における医療である。	救急医療
50 ______構想では、必要となる病床数を4つの医療機能ごとに推計したうえで、病床の機能分化と連携が目指される。	地域医療

Q　健康増進計画	A
51 健康増進計画は、______法に基づく計画である。	健康増進
52 ______は、国民の健康の増進の総合的な推進を図るための基本的な方針を定める。	厚生労働大臣
53 健康増進計画の策定義務があるのは、______である。	都道府県

Q　医療費適正化計画	A
54 医療費適正化計画は、______法に基づく計画である。	高齢者医療確保
55 ______は医療費適正化基本方針、都道府県は______計画を定める。	厚生労働大臣／都道府県医療費適正化
56 医療費適正化計画は、______年を一期とする計画である。	6

Q　医療介護総合確保法に基づく計画	A
57 都道府県は、______基金を設置し、都道府県計画を作成し、計画に基づき事業を実施する。	地域医療介護総合確保
58 都道府県は、都道府県計画を作成するに当たっては、______計画及び______計画と整合性の確保を図らなければならない。	医療／都道府県介護保険事業支援

ワンポイントアドバイス

「計画の根拠法」「定める事項」「計画期間」など各計画を比較しながら整理することが大切です。

5肢選択問題

Q1 市町村介護保険事業計画で定めるものはどれか。2つ選べ。

1. 介護老人福祉施設の必要入所定員総数
2. 認知症対応型共同生活介護の必要利用定員総数
3. 介護老人保健施設の必要入所定員総数
4. 介護保険施設相互間の連携の確保に関する事業
5. 地域支援事業の量の見込み

A 2、5

1、3は都道府県介護保険事業支援計画で定める。4は都道府県介護保険事業支援計画で定めるよう努める。

Q2 一体のものとして策定されなければならない計画の組み合わせはどれか。1つ選べ。

1. 地域福祉計画　・・・・・・・・・　地域福祉活動計画
2. 障害者計画　・・・・・・・・・　障害福祉計画
3. 介護保険事業計画　・・・・・・　医療計画
4. 老人福祉計画　・・・・・・・・・　介護保険事業計画
5. 子ども・子育て支援事業計画　・・・　次世代育成支援行動計画

A 4

老人福祉計画と介護保険事業計画は、一体のものとして策定されなければならないこととなっている。

Q3 3年を一期とする計画はどれか。1つ選べ。

1. 老人福祉計画
2. 介護保険事業計画
3. 健康増進計画
4. 医療費適正化計画
5. 次世代育成支援行動計画

A 2

1、3は期間は設定されていない。4は6年、5は5年を一期とする。

Q4 策定義務ではない計画はどれか。1つ選べ。

1. 都道府県老人福祉計画
2. 都道府県障害者計画
3. 市町村子ども・子育て支援事業計画
4. 市町村健康増進計画
5. 都道府県医療費適正化計画

A 4

都道府県健康増進計画は策定義務である。

過去問にチャレンジ！

Q

第36回問題42　次のうち、法律で規定されている福祉計画の記述として、最も適切なものを 1 つ選びなさい。 B

1. 市町村障害者計画は、市町村が各年度における指定障害福祉サービスの種類ごとの必要な量の見込みについて定める計画である。

2. 都道府県子ども・若者計画は、都道府県が子どもの貧困対策について定める計画である。

3. 都道府県老人福祉計画は、都道府県が介護保険事業に係る保険給付の円滑な実施の支援について定める計画である。

4. 市町村地域福祉計画は、市町村が地域福祉の推進について市町村社会福祉協議会の地域福祉活動計画と一体的に定める計画である。

5. 市町村子ども・子育て支援事業計画は、市町村が教育・保育及び地域子ども・子育て支援事業の提供体制の確保について定める計画である。

A　5

1　×　「市町村障害福祉計画」の説明である。

2　×　「都道府県における子どもの貧困対策についての計画」の説明である。

3　×　「都道府県介護保険事業支援計画」の説明である。

4　×　一体的に策定している自治体も多いが、法律では規定されていない。

5　○

13 虐待

B
★★☆

出題傾向

	項目	主に出題される科目	第37回試験予想出題数	出題内容
29	**高齢者虐待**	⑥権利擁護を支える法制度 ⑬高齢者福祉	1	○高齢者虐待防止法の概要
30	**障害者虐待**	⑥権利擁護を支える法制度 ⑧障害者福祉	1	○障害者虐待防止法の概要
31	**児童虐待**	⑥権利擁護を支える法制度 ⑭児童・家庭福祉	1	○児童虐待防止法の概要
32	**DV**	⑭児童・家庭福祉	1	○ DV 防止法の概要

高齢者虐待、障害者虐待、児童虐待、DV から出題されています。各規定を比較する設問が多いので、各法律の違いを整理することが重要です。

穴埋め問題

『国試ナビ 2025』
P.180 ～ P.189 参照

Q 高齢者虐待防止	A
① 高齢者虐待防止法は、高齢者を______と定義している。	65 歳以上の者
② 高齢者虐待は、______による虐待と______による虐待がある。	養護者／養介護施設従事者等
③ 65 歳未満で養介護施設等に入所し、又は養介護事業に係るサービスの提供を受ける障害者は、______による高齢者虐待に関する規定を適用する。	養介護施設従事者等
④ 高齢者虐待の種類を、______虐待の______種類としている。	身体的・心理的・性的・介護放棄（ネグレクト）・経済的／ 5
⑤ 高齢者虐待の種類は、______虐待が最も多い。	身体的
⑥ 養護者による高齢者虐待の虐待者の続柄は、______が最も多い。	息子
⑦ 養護者による虐待を受けたと思われる者を発見した者は、______が生じている場合は、______に通報義務がある。	生命又は身体に重大な危険／市町村
⑧ 虐待の通報をしても、______違反にならない。また、______その他不利益な取扱いは受けない。	守秘義務／解雇
⑨ 市町村長は、立入調査等必要な場合は、______に援助を求めることができる。	警察署長
⑩ ______は、毎年度、養介護施設従事者等による高齢者虐待の状況などについて公表しなければならない。	都道府県知事

Q 障害者虐待防止	A
⑪ 障害者虐待防止法は、障害者を______法第 2 条第 1 号に規定する障害者と定義している。	障害者基本
⑫ 障害者虐待は、______による虐待、______による虐待、______による虐待がある。	養護者／障害者福祉施設従事者等／使用者

⑬ 障害者虐待の種類を、＿＿＿虐待の＿＿＿種類としている。	身体的・心理的・性的・介護放棄（ネグレクト）・経済的／5
⑭ 養護者及び障害者福祉施設従事者等による障害者虐待の種類は、＿＿＿虐待が最も多い。	身体的
⑮ 障害者福祉施設従事者等により虐待を受けた者の障害種別は、＿＿＿が最も多い。	知的障害
⑯ 施設・事業所の種別による虐待件数の構成割合をみると、＿＿＿と障害者支援施設が上位を占めている。	共同生活援助
⑰ 市町村は＿＿＿としての機能、都道府県は＿＿＿としての機能を果たすようにする。	市町村障害者虐待防止センター／都道府県障害者権利擁護センター
⑱ 養護者による虐待を＿＿＿障害者を発見した場合は、＿＿＿に通報義務がある。	受けたと思われる／市町村
⑲ ＿＿＿は、毎年度、障害者福祉施設従事者等による障害者虐待の状況などを公表しなければならない。	都道府県知事
⑳ 都道府県及び都道府県障害者権利擁護センターは、使用者による障害者虐待の通報を受けたときは、＿＿＿に報告しなければならない。	都道府県労働局

Q 児童虐待防止	A
㉑ 2022（令和 4）年度の児童相談所における児童虐待相談の対応件数は、約＿＿＿件である。	22万
㉒ 2022（令和 4）年度児童相談所における児童虐待相談の相談種別で件数をみると、＿＿＿の割合が最も高い。	心理的虐待
㉓ 子ども虐待によって死亡した子どもの年齢は、「心中」を除くと、＿＿＿歳が最も多い。	0
㉔ ＿＿＿法は、保護者による児童虐待について規定している。	児童虐待防止

Q	A
㉕ ＿＿＿法は、被措置児童等虐待について規定している。	**児童福祉**
㉖ 児童虐待の種類を、＿＿＿虐待の＿＿＿種類としている。	**身体的・心理的・性的・ネグレクト／4**
㉗ 児童が同居する家庭における配偶者に対する生命又は身体に危害を及ぼす暴力は、＿＿＿虐待に含まれる。	**心理的**
㉘ 都道府県知事は、児童の安全を確保する場合、裁判所の許可状により＿＿＿させ又は児童を＿＿＿させることができる。	**臨検／捜索**
㉙ 児童相談所長は、必要があると認めるときは、児童に＿＿＿を加えさせることができる。	**一時保護**
㉚ 児童虐待を受けた児童について、児童福祉施設に入所又は一時保護が行われた場合、児童の保護のため必要があると認めるときは、児童相談所長等は、保護者との面会を＿＿＿することができる。	**制限**
㉛ 親権者は、児童のしつけに際して＿＿＿を加えてはならない。	**体罰**

Q　DV 防止	A
㉜ 2022（令和 4）年度の配偶者暴力相談支援センターにおけるＤＶの相談件数は、約＿＿＿件である。	**12.2 万**
㉝ 配偶者から暴力を受けている者を発見した者は、＿＿＿又は＿＿＿に通報するよう努めなければならない。	**配偶者暴力相談支援センター／警察官**
㉞ 都道府県は、＿＿＿施設において被害者の保護を行うことができる。	**女性自立支援**
㉟ 裁判所は、被害者の申立てにより、配偶者に対し、命令の効力が生じた日から起算して＿＿＿年間、被害者の身辺につきまとい、又は被害者の住居、勤務先などの付近をはいかいしてはならないことを命ずるものとする。	**1**

ワンポイントアドバイス

高齢者虐待防止法、障害者虐待防止法、児童虐待防止法、DV 防止法を比較しながら整理すると効率的です。

5 肢選択問題

Q1 高齢者虐待防止法について正しいものはどれか。1 つ選べ。

1. 2000（平成 12）年に施行された。
2. 高齢者を 60 歳以上としている。
3. 通報先は都道府県である。
4. 高齢者虐待を、養護者による虐待と養介護施設従事者等による虐待としている。
5. 施設従事者は、通報義務はない。

A 4

2006（平成 18）年 4 月に施行され、高齢者を 65 歳以上と定義している。

Q2 障害者虐待防止法について正しいものはどれか。1 つ選べ。

1. 養護者による虐待と施設従事者等による虐待の 2 種類を規定している。
2. 虐待を身体的、心理的、性的、経済的の 4 種類としている。
3. 「障害者虐待防止センター」の機能は、都道府県が果たす。
4. 「障害者権利擁護センター」の機能は、市町村が果たす。
5. 通報は、守秘義務に関する法律の規定に妨げられない。

A 5

使用者による虐待を含め 3 種類の虐待を規定し、虐待の種類はネグレクトを含め 5 種類としている。

Q3 児童虐待防止法について正しいものはどれか。1 つ選べ。

1. 児童虐待による相談件数は減少傾向にある。
2. 相談内容はネグレクトについてが最も多い。
3. 虐待を受けたと思われる場合は通報努力義務である。
4. 警察署長に対して援助を求めることができる。
5. 臨検の際は、裁判所の令状は不要である。

A 4

相談件数は増加傾向にあり、心理的虐待が最も多い。臨検の際は裁判所の令状が必要である。

Q4 DV 防止法について正しいものはどれか。1 つ選べ。

1. 婚姻の届出をしていない事実婚の人は対象とならない。
2. 精神的な暴力は含まれない。
3. 都道府県は女性自立支援施設において保護することができる。
4. 暴力を発見した人は、配偶者暴力相談支援センターに通報しなければならない。
5. 接近禁止命令の期間は 2 年が標準である。

A 3

事実婚も対象となり、精神的な暴力も含まれる。通報は努力義務で、接近禁止命令は 1 年が標準である。

過去問にチャレンジ！

Q **第36回問題135** **「高齢者虐待防止法」に関する次の記述のうち、最も適切なものを１つ選びなさい。** B

1. この法律における高齢者とは、65 歳以上で介護保険制度における要介護認定・要支援認定を受けた者と定義されている。
2. この法律では、セルフネグレクト（自己放任）の状態も高齢者虐待に該当することが定義されている。
3. この法律における高齢者虐待の定義には、保険医療機関における医療専門職による虐待が含まれている。
4. この法律では、市町村が養護者による虐待を受けた高齢者の居所等への立入調査を行う場合、所轄の警察署長に援助を求めることができると規定されている。
5. この法律は、市町村に対し、高齢者虐待の防止・高齢者とその養護者に対する支援のため、司法書士若しくは弁護士の確保に関する義務を課している。

「高齢者虐待」「障害者虐待」「児童虐待」を比較する問題も多く出題されています。3 虐待防止法と「DV 防止法」を比較しながら整理しましょう。

A 4

1	×	65 歳以上の者と定義されている。
2	×	セルフネグレクト（自己放任）の状態は、高齢者虐待に該当すると定義されていない。
3	×	保険医療機関における医療専門職の虐待は含まれていない。
4	○	
5	×	養護者に対する相談、指導及び助言その他必要な措置を講ずるものとするとしている。司法書士や弁護士の確保義務の規定はない。

権利擁護

B
★★☆

出題傾向

	項　目	主に出題される科目	第37回試験予想出題数	出題内容
33	**成年後見制度**	⑥権利擁護を支える法制度	**3**	○成年後見制度の概要 ○任意後見制度の概要 ○成年後見制度の動向 ○成年後見制度利用支援事業
34	**日常生活自立支援事業**	⑥権利擁護を支える法制度	**1**	○日常生活自立支援事業の動向 ○専門員・生活支援員の役割

成年後見制度と日常生活自立支援事業から出題されます。重要事項が繰り返し出題されていますのでしっかりと整理しましょう。

穴埋め問題

『国試ナビ 2025』
P.190 ～ P.199 参照

Q 成年後見制度	A
① 申立てができる人は、_____などである。	本人、配偶者、4 親等内の親族、検察官、市町村長
② 本人以外の者の請求により補助開始の審判をするときは、_____が必要である。	本人の同意
③ 後見人になれる人は、_____などで、_____人の選任もできる。	親族、親族以外（専門職、法人など）／複数
④ 後見人になれない人は、_____、_____、被後見人に対して訴訟をした者、行方の知れない者などである。	未成年者／破産者
⑤ 家庭裁判所は、被後見人、その親族若しくは後見人の請求により又は職権で、_____を選任することができる。	後見監督人
⑥ 精神上の障害により事理を弁識する能力が不十分である者については、家庭裁判所は、_____により、補助開始の審判をすることができる。	請求
⑦ _____の開始には、精神の状況につき原則として鑑定が必要とされている。	後見、保佐
⑧ 補助人に同意権を付与するには、被補助人の_____が必要である。	同意
⑨ 家庭裁判所は、被補助人のために特定の法律行為について補助人に_____権を付与する旨の審判をすることができる。	代理
⑩ 後見人は、正当な事由があるときは、_____を得て、その任務を辞することができる。	家庭裁判所の許可
⑪ 被後見人の法律行為は、_____。ただし、_____その他日常生活に関する行為については、この限りでない。	取り消すことができる／日用品の購入
⑫ 後見人の職務には、_____と_____がある。	財産管理／身上監護

⑬ 後見人の職務に該当しないのは、______、______、______などである。	身分行為の代理／手術など医療行為の同意／介護等の事実行為
⑭ 後見人は、財産のない被後見人に対する事務を遂行するに当たっては、______としての注意義務を負う。	善良な管理者
⑮ 後見人は、被後見人の居住用不動産を処分するときは______の許可を得なければならない。	家庭裁判所
⑯ 本人との利益相反行為は、______を選任することを家庭裁判所に請求しなければならない。	特別代理人、臨時保佐人、臨時補助人
⑰ 成年後見人に不正な行為、著しい不行跡などの事実がある場合に限り、家庭裁判所は、後見監督人の請求により又は______で成年後見人を解任できる。	職権

Q　任意後見制度	A
⑱ 任意後見契約は、______によって締結する必要がある。	公正証書
⑲ 任意後見契約の登記は、______で行っている。	法務局
⑳ 任意後見受任者又は任意後見人の______は、任意後見監督人となることができない。	配偶者、直系血族及び兄弟姉妹
㉑ 任意後見契約では、目録に記載された______権が付与される。	代理
㉒ 任意後見監督人が選任される前において、任意後見受任者は、______によって、いつでも任意後見契約を解除することができる。	公証人の認証を受けた書面
㉓ 任意後見監督人の選任後、任意後見人は正当な理由がある場合に限り、______を得れば任意後見契約を解除することができる。	家庭裁判所の許可
㉔ 任意後見監督人が選任された後において、本人が後見開始の審判を受けたときは、任意後見契約は______。	終了する

Q　市町村申立て	A
㉕ 市町村長による申立ては、知的障害者福祉法、精神保健福祉法、______法で規定されている。	老人福祉

Q　後見登記	A
㉖ ______は、登記官への請求に基づき、法定後見人が記録された登記事項証明書の交付を受けることができる。	本人、配偶者、4親等内の親族など
㉗ 自己が成年被後見人として登記されていない者は、登記官への請求に基づき、______の交付を受けることができる。	登記されていないことの証明書

Q　成年後見制度利用促進	A
㉘ 政府は、成年後見制度の利用の促進に関する施策の総合的かつ計画的な推進を図るため、______を設けることとされている。	成年後見制度利用促進会議

Q　市民後見	A
㉙ 市町村は、成年後見の審判の請求の円滑な実施に資するよう、後見等の業務を適正に行える______及び______を図るため、必要な措置を講ずる努力義務がある。	人材の育成／活用
㉚ 市民後見人の養成研修は______が実施し、選任は______が実施する。	市町村／家庭裁判所

Q　成年後見制度利用支援事業	A
㉛ 成年後見制度利用支援事業は、介護保険法の______は任意事業、障害者総合支援法の______は必須事業として実施されている。	地域支援事業／地域生活支援事業
㉜ 支給対象となる費用は、______、______が対象である。	申立て費用／成年後見人等の報酬

Q　成年後見に関する統計データ（2023（令和5）年）	A
㉝ 申立人と本人との関係は、______が最も多く、次いで______が多い。	市区町村長／本人
㉞ 成年後見制度の申立て動機は、______が最も多い。	預貯金等の管理・解約
㉟「成年後見人等」に選任された者として最も多かったのは、______である。	司法書士

Q	日常生活自立支援事業	A
36	日常生活自立支援事業は国庫補助事業であり、第 2 種社会福祉事業に規定された______事業に該当する。	福祉サービス利用援助
37	日常生活自立支援事業の実施主体は______であり、事業の一部を______に委託できる。	都道府県・指定都市社会福祉協議会／市町村社会福祉協議会
38	利用対象者は、認知症、知的障害、精神障害等のため、______が不十分な人で、______が判断できる人である。	判断能力／本事業の契約内容
39	日常生活自立支援事業における______は、原則として社会福祉士、精神保健福祉士等であって、一定の研修を受けた者である。	専門員
40	主な援助内容は、福祉サービスの利用援助や苦情解決制度の利用援助、______などである。	日常的金銭管理
41	利用者が入院・入所した場合は、利用______。	できる
42	日常生活自立支援事業の契約の内容について判断し得る能力を有している人は、成年後見制度を利用______。	できる
43	______は、都道府県社会福祉協議会に設置され、契約内容や本人の判断能力等の確認を行う。	契約締結審査会
44	相談開始から契約締結前の初期相談までの相談支援は、______である。	無料

Q	日常生活自立支援事業の統計データ（2022（令和 4）年度）	A
45	日常生活自立支援事業の実利用者数は、約______人である。	5 万 7000
46	日常生活自立支援事業の利用者は、______が最も多い。	認知症高齢者

ワンポイントアドバイス

成年後見制度は条文（民法）から出題されることが多いので、民法第 7 条～第 21 条、第 838 条～第 876 条の 10 を読み込みましょう！

5肢選択問題

Q1 成年後見の申し立ての動機で最も多いものはどれか。1つ選べ。

1. 預貯金等の管理・解約
2. 介護保険契約
3. 身上監護
4. 不動産の処分
5. 日常生活上の世話

A 1

「預貯金等の管理・解約」が最も多く、次いで「身上監護」「介護保険契約」が多い。

Q2 成年後見制度について正しいものはどれか。1つ選べ。

1. 実施主体は社会福祉協議会である。
2. 後見、保佐の2類型がある。
3. 居住用不動産も後見人の判断で処分できる。
4. 本人に対する利益相反行為も代理できる。
5. 医療行為の同意権はない。

A 5

家庭裁判所が実施主体で、補助を含め3類型ある。居住用不動産の処分は家庭裁判所の許可が必要である。

Q3 日常生活自立支援事業の援助内容ではないものはどれか。1つ選べ。

1. 預金の払い戻し
2. 苦情解決制度の利用援助
3. 福祉サービスの利用援助
4. 定期的な訪問
5. 相続の承認

A 5

福祉サービスの利用援助や日常的金銭管理などが含まれ、相続の承認は含まれない。

Q4 日常生活自立支援事業について正しいものはどれか。1つ選べ。

1. 生活支援員は、支援計画を作成する。
2. 専門員は、支援計画に基づき援助する。
3. 入院・入所した場合は利用できない。
4. 成年後見制度と併用することができる。
5. 利用料金は全国一律である。

A 4

専門員が支援計画を作成し、生活支援員がサービスを提供する。利用料は実施主体で異なる。

過去問にチャレンジ！

Q

第36回問題81　事例を読んで、Ｇさんの成年後見監督人に関する次の記述のうち、最も適切なものを１つ選びなさい。 B

事例

知的障害のあるＧさん（30 歳）は、兄であるＨさんが成年後見人に選任され支援を受けていた。しかし、数年後にＧさんとＨさんの関係が悪化したため、成年後見監督人が選任されることとなった。

1. Ｇさんは、成年後見監督人の選任請求を家庭裁判所に行うことができない。

2. Ｈさんの妻は、Ｈさんの成年後見監督人になることができる。

3. ＧさんとＨさんに利益相反関係が生じた際、成年後見監督人はＧさんを代理することができない。

4. 成年後見監督人は、Ｈさんが成年後見人を辞任した場合、成年後見人を引き継がなければならない。

5. 成年後見監督人は、ＧさんとＨさんの関係がさらに悪化し、Ｈさんが後見業務を放置した場合、Ｈさんの解任請求を家庭裁判所に行うことができる。

A　5

1　×　本人も成年後見監督人の選任を請求することができる。

2　×　後見人の配偶者、直系血族及び兄弟姉妹は、成年後見監督人となることができない。

3　×　成年後見監督人は、本人と後見人の利益が相反する行為について被後見人を代表する。

4　×　後見人が欠けた場合は、成年後見監督人は遅滞なくその選任を家庭裁判所に請求する。

5　○

Q

第34回問題82　事例を読んで、日常生活自立支援事業による支援に関する次の記述のうち、最も適切なものを 1 つ選びなさい。 B

事例

Mさん（50 歳）は、軽度の知的障害があり、自宅で母親と二人で暮らしていたが、2 か月前に母親が死去した。その後、M さんは障害者支援施設の短期入所を利用していたが、共同生活援助（グループホーム）への転居が決まった。さらに M さんを担当する A 相談支援専門員の助言で、T 市社会福祉協議会が実施している日常生活自立支援事業の利用に至り、B 専門員がその担当となった。

1. M さんが日常生活自立支援事業の契約締結前に利用した短期入所の費用の支払を、M さんとの利用契約に基づき B 専門員が行うことができる。

2. M さんの母親の遺産相続に関する法律行為を M さんに代わり B 専門員が行うことができる。

3. M さんの共同生活援助（グループホーム）入居後の B 専門員による金銭管理の内容を、B 専門員と A 相談支援専門員との協議で決める。

4. 共同生活援助（グループホーム）に入居する M さんについては、ホームの支援者による見守りが期待されるため、日常生活自立支援事業による訪問支援は行わないこととする。

5. M さんの成年後見制度への移行を視野に入れ、日常生活自立支援事業の開始とともに直ちに関係機関との調整に入らなければならない。

A　1

1　○

2　×　遺産相続は援助内容に含まれない。

3　×　当事者である M さん抜きには決めることができない。

4　×　定期的な訪問を行う。

5　×　「直ちに」は不適切である。

15 更生保護

A
★★★

出題傾向

	項　目	主に出題される科目	第37回試験予想出題数	出題内容
35	**刑事司法と少年司法**	⑨刑事司法と福祉	**1**	○犯罪の動向 ○少年法 ○刑事事件、少年事件の手続き、処遇
36	**更生保護制度**	⑨刑事司法と福祉	**2**	○生活環境の調整 ○仮釈放等 ○保護観察 ○更生緊急保護 ○犯罪被害者支援
37	**医療観察制度**	⑨刑事司法と福祉	**1**	○医療観察法の概要 ○審判・処遇の流れと内容

更生保護は、第37回試験より共通科目で出題されるようになりました。出題数も4問から6問に増えます。少年司法、更生保護法、医療観察制度から出題されます。更生保護法は、仮釈放、保護観察、更生緊急保護など頻出事項を整理しましょう。

穴埋め問題

『国試ナビ 2025』
P.200 ～ P.213 参照

Q 少年司法	A
❶ 少年法では、少年を______歳未満としている。	20
❷ 少年法は、家庭裁判所の審判に付すべき少年として、犯罪少年、触法少年、______の 3 種類を規定している。	ぐ犯少年
❸ 警察官は、一定の重大事件に係る触法少年を______に送致しなければならない。	児童相談所長
❹ 児童相談所長は、一定の重大事件に係る触法少年を______に送致しなければならない。	家庭裁判所
❺ 警察等は、犯罪少年を検挙した場合、懲役の刑に当たる犯罪の被疑事件は______に送致する。	検察官
❻ 家庭裁判所は、審判を開始する前に、______に命じて、審判に付すべき少年の取調その他の必要な調査を行わせることができる。	家庭裁判所調査官
❼ 家庭裁判所が決定する保護処分は、______への送致、保護観察、少年院送致がある。	児童自立支援施設等
❽ 少年院は、保護処分若しくは少年院において懲役又は禁錮の刑の執行を受ける者に対し、______その他の必要な処遇を行う施設である。	矯正教育

Q 更生保護の目的	A
❾ 更生保護法の目的は、犯罪をした者等に対して、______において適切な処遇を行うことにより再犯を防ぎ、自立と改善更生を助けるとともに、犯罪予防の活動の促進等を行うことである。	社会内

Q 更生保護の実施体制	A
❿ 保護観察所は、______裁判所の管轄区域ごとに設置され、______が配置されている。	地方／保護観察官
⓫ 社会復帰調整官は、______の業務に従事する。	医療観察制度

Q	A
⑫ 保護司は、______の委嘱を受ける、任期______年の非常勤の国家公務員である。	**法務大臣／2**
⑬ 保護司には給与は______が、職務に要した費用は実費弁償の形で支給されている。	**支給されない**
⑭ ______は、地域における更生保護活動の拠点として、保護司の処遇活動に対する支援や関係機関との連携による地域ネットワークの構築等を行う。	**更生保護サポートセンター**

Q 仮釈放	A
⑮ 仮釈放や仮退院などを許す処分は、______の決定をもって行われる。	**地方更生保護委員会**
⑯ 仮釈放を許された者は、仮釈放期間中は______に付される。	**保護観察**
⑰ 生活環境の調整は、対象者の釈放後の______を中心に行われる。	**住居・就業先の確保等**
⑱ 仮釈放が許される法定期間は、有期刑についてはその刑期の______、無期刑については10年を経過した後である。	**3分の1**

Q 保護観察	A
⑲ 少年院仮退院者に付される保護観察（2号観察）は、______が決定する。	**地方更生保護委員会**
⑳ 保護観察は、______及び______が協働して行う。	**保護観察官／保護司**
㉑ 保護観察の実施方法は、______と______がある。	**指導監督／補導援護**
㉒ 特定の犯罪的傾向を改善するための専門的処遇を実施することは、______に該当する。	**指導監督**
㉓ 一般遵守事項として、届け出た住所に居住すること、転居又は______日以上の旅行をするときは、あらかじめ______の許可を受けることなどがある。	**7／保護観察所の長**
㉔ 保護観察の______措置として、保護観察付執行猶予者に対して、保護観察を仮に解除する仮解除などがある。	**良好**

Q　更生緊急保護	A
㉕ 更生緊急保護は、身体の拘束を解かれた後に必要な援助が受けられない人が対象で、______や______に付されている者は対象外である。	仮釈放中の者／保護観察
㉖ 更生緊急保護は、______がその必要があると認めたときに限って行われる。	保護観察所の長
㉗ 刑務所出所者等への支援内容は、______施設や______ホームなどへの入所がある。	更生保護／自立準備
㉘ 更生保護施設の収容期間は、原則として______か月で、延長も認められる。	6

Q　刑務所出所者等を支援する施設	A
㉙ 更生保護施設は、______の対象者を宿泊させ、食事を給与するほか、就職援助、生活指導等を行う施設である。	保護観察又は更生緊急保護
㉚ ______は、法務省の「緊急的住居確保・自立支援対策」に基づいて、人々に一時的に住居を提供し、自立を促す施設である。	自立準備ホーム
㉛ ______は、仮釈放者等を対象として、入所者個々の問題性に応じ、専門的処遇プログラムや生活指導、対人関係指導等を集中的に実施する。	自立更生促進センター

Q　民間協力者及び団体	A
㉜ ______は、地域の犯罪予防や青少年の健全育成、犯罪者・非行少年の改善更生に協力する女性のボランティア団体である。	更生保護女性会
㉝ ______は、保護観察又は更生緊急保護の対象者を、その事情を理解した上で雇用し、更生に協力する民間の事業主である。	協力雇用主

Q　更生保護における犯罪被害者施策	A
㉞ ______制度は、仮釈放等の審理において意見を述べることである。	意見等聴取
㉟ ______制度は、保護観察中の加害者に対し心情を伝えることである。	心情等伝達

Q 地域生活定着促進事業	A
㊱ 地域生活定着促進事業の対象者は、高齢又は障害を有するため、＿＿＿を必要とする矯正施設退所予定者及び退所者等である。	福祉的な支援
㊲ ＿＿＿は、矯正施設を退所する高齢者や障害者に対し、退所後直ちに福祉サービスにつなげるなどの支援を行う。	地域生活定着支援センター

Q 医療観察制度	A
㊳ 対象行為は、殺人、＿＿＿、放火、強盗、不同意性交等及び不同意わいせつである。	傷害
㊴ 精神保健観察の実施機関は、法務省が所管する＿＿＿であり、保護観察所に配属される＿＿＿がその事務に従事する。	保護観察所／社会復帰調整官
㊵ 鑑定入院期間は、原則＿＿＿以内（1か月延長可）である。	2か月
㊶ 処遇の要否と内容の決定は、＿＿＿と＿＿＿各1名の合議体による審判で行われる。	裁判官／精神保健審判員
㊷ ＿＿＿は、審判において裁判官と精神保健審判員が行う処遇決定に対し、精神保健福祉の観点から必要な意見を述べる。	精神保健参与員
㊸ 社会復帰調整官は、生活環境の＿＿＿、生活環境の＿＿＿、精神保健観察の実施などを行う。	調査／調整
㊹ 医療観察法の通院による医療の期間は、原則として＿＿＿年間（2年以内の延長可）である。	3
㊺ 入院決定を受けた者に対して医療を実施する指定入院医療機関は、＿＿＿が指定した病院である。	厚生労働大臣

ワンポイントアドバイス

法律の細かい内容も出題されることがありますので、「少年法」「更生保護法」「医療観察法」の条文を読み込むことが得点につながります。

5肢選択問題

Q1 15歳の少年が窃盗罪を犯した場合、警察はどこに送致するか。1つ選べ。

1. 市町村
2. 児童相談所
3. 検察官
4. 家庭裁判所
5. 都道府県公安委員会

A 3

犯罪少年が窃盗罪など重い罪を犯した場合は検察官に送致される。

Q2 地方更生保護委員会の役割はどれか。2つ選べ。

1. 特定の者に対する減刑
2. 刑の執行の免除
3. 保護観察の実施
4. 仮釈放の決定
5. 少年院からの仮退院の決定

A 4、5

1、2は中央更生保護審査会、3は保護観察所の役割である。

Q3 保護観察所について正しいものはどれか。2つ選べ。

1. 市町村に1か所設置されている。
2. 業務に恩赦の上申が含まれている。
3. 厚生労働省により設置されている。
4. 業務に犯罪予防活動が含まれている。
5. 精神保健参与員が配置されている。

A 2、4

保護観察所は法務省により、各地方裁判所の管轄区域ごとに設置され、保護観察官が配置されている。

Q4 保護観察官と保護司について正しいものはどれか。1つ選べ。

1. 保護観察官は、福祉事務所に配置されている。
2. 保護観察官は、犯罪の予防に関する事務には従事できない。
3. 保護司は、都道府県知事が委嘱する。
4. 保護司は、検察官の指揮監督を受けて職務にあたる。
5. 保護司の活動拠点として、更生保護サポートセンターが設置されている。

A 5

保護観察官は保護観察所に配置される。保護司は保護観察所長の指揮監督を受けて職務にあたる。

Q5 仮釈放について正しいものはどれか。1つ選べ。

1. 社会復帰調整官が生活環境の調整を行う。
2. 法定期間は有期刑の場合、刑期の 2 分の 1 を経過する末日である。
3. 被害者は意見を述べることができない。
4. 保護観察所が決定する。
5. 許可基準の 1 つに悔悟の情がある。

A 5

有期刑は刑期の 3 分の 1 が法定期間で、地方更生保護委員会が決定し、保護観察所の長が生活環境の調整を行う。

Q6 更生保護制度について正しいものはどれか。1つ選べ。

1. 更生保護施設は、保護観察対象者等のための通所施設である。
2. BBS 会は、更生保護女性会の略称である。
3. 保護観察官の任期は、2 年であるが再任可能である。
4. 協力雇用主の業種は、サービス業が約半数を占める。
5. 保護司は、非常勤の国家公務員である。

A 5

更生保護施設は入所施設である。BBS 会は非行防止活動を行う青年ボランティア団体である。協力雇用主は建設業が約半数を占める。

Q7 更生緊急保護について正しいものはどれか。1つ選べ。

1. 矯正施設の長からの申出により実施される。
2. 保護の期間は、最長で 3 年である。
3. 仮釈放中の者も対象に含まれる。
4. 更生保護事業を営む者に委託して行うことができる。
5. 社会福祉法に規定されている社会福祉事業に含まれる。

A 4

更生緊急保護は本人の申出により行われ、期間は原則 6 か月以内、仮釈放中の者は対象外である。

Q8 「医療観察法」に規定された重大な他害行為はどれか。2つ選べ。

1. 不同意性交等
2. 強盗
3. 恐喝
4. 略取・誘拐
5. 危険運転致死傷

A 1、2

①殺人、②傷害、③放火、④強盗、⑤不同意性交等及び不同意わいせつが規定されている。

過去問にチャレンジ！

Q

第36回問題147　事例を読んで、この場合の仮釈放の手続きに関する次の記述のうち、最も適切なものを１つ選びなさい。 B

事例

裁判所の判決で３年の懲役刑を言い渡されて、刑事施設に収容されていたＪさんは、仮釈放の審理の対象となった。

1. 仮釈放の要件として、刑の執行から最短でも２年を経過している必要がある。
2. 仮釈放の要件として、改悛《かいしゅん》の状があることがある。
3. 仮釈放を許す処分を決定するのは、地方裁判所の裁判官である。
4. 仮釈放の対象となるのは、初めて刑事施設に入った者に限られる。
5. 仮釈放の期間中、Ｊさんの希望により、保護観察が付される。

A　2

1　×　有期刑の場合は刑期の３分の１なので、最短で１年経過している必要がある。

2　○

3　×　仮釈放の決定は、「地方更生保護委員会」が行う。

4　×　初めて刑事施設に入った者に限られない。

5　×　仮釈放期間中は、必ず保護観察に付される。

16 実施機関と専門職

A
★★★

出題傾向

	項　目	主に出題される科目	第 37 回 試験予想 出 題 数	出題内容
38	**行政機関**	⑥権利擁護を支える法制度 ⑦地域福祉と包括的支援体制 ⑧障害者福祉 ⑬高齢者福祉 ⑭児童・家庭福祉 ⑮貧困に対する支援 ⑯保健医療と福祉	**2**	○福祉事務所 ○児童相談所 ○身体障害者更生相談所 ○知的障害者更生相談所 ○精神保健福祉センター ○女性相談支援センター ○家庭裁判所
39	**専門職**		**2**	○査察指導員・現業員 ○児童福祉司 ○身体障害者福祉司 ○知的障害者福祉司 ○精神保健福祉相談員 ○民生委員・児童委員 ○医師・保健師・看護師 ○理学療法士、作業療法士　など

福祉事務所や更生相談所などの行政機関や、社会福祉主事、民生委員などの専門職について出題されています。この単元はいろいろな科目で出題され、出題数も多いことが見込まれています。

『国試ナビ 2025』
P.214～P.224 参照

穴埋め問題

Q　行政組織	A
❶ ______は、介護保険事業に係る保険給付の円滑な実施を確保するための基本的な指針を定める。	厚生労働大臣
❷ 社会保障審議会は、______に設置される。	厚生労働省
❸ ______は、児童福祉法の規定により、障害児入所施設に入所させる権限を持つ。	都道府県知事
❹ 中核市の指定要件として、人口数は______万人以上と定められている。	20

Q　行政事務	A
❺ 行政事務の種類は、______事務と______事務がある。	法定受託／自治
❻ 生活保護の決定事務、社会福祉法人の認可事務は、______事務である。	法定受託
❼ ______制度は、公の施設の管理を、株式会社など民間法人に代行させせることができる制度である。	指定管理者

Q　専門機関	A
❽ ______は、児童相談所を設置しなければならない。	都道府県・指定都市・児童相談所設置市
❾ ______は、児童に関するさまざまな相談、医学的・心理学的・教育学的な判定や児童の一時保護などを行う。	児童相談所
❿ ______は、女性相談支援センターを設置しなければならない。	都道府県
⓫ ______は、身体障害者更生相談所を設置しなければならない。	都道府県
⓬ ______は、精神保健福祉センターを置くものとする。	都道府県・指定都市

⑬ 保健所は＿＿＿法に定められており、感染症その他の疾病の予防に関する事項など地域保健に関する広域・専門的な保健サービスを行っている。	地域保健

Q　福祉事務所	A
⑭ 福祉事務所は、＿＿＿は義務設置、＿＿＿は任意設置である。	都道府県及び市／町村
⑮ 都道府県の設置する福祉事務所は、生活保護法、児童福祉法、＿＿＿に定める援護又は育成の措置に関する事務のうち、都道府県が処理することとされているものをつかさどる。	母子及び父子並びに寡婦福祉法
⑯ 福祉事務所の社会福祉主事は、都道府県知事又は市町村長の＿＿＿機関である。	補助
⑰ 福祉事務所の指導監督を行う所員及び現業を行う所員は、＿＿＿でなければならない。	社会福祉主事
⑱ 居住地がない要保護者は、要保護者の＿＿＿の福祉事務所が管轄する。	現在地
⑲ 現業を行う所員の数は、市の設置する福祉事務所は、被保護世帯数が 240 以下であるときは 3 とし、被保護世帯が＿＿＿を増すごとに 1 を加えた数を標準として定める。	80

Q　公的機関等に配置される専門職	A
⑳ 身体障害者福祉司は、＿＿＿は義務設置、＿＿＿は任意設置である。	身体障害者更生相談所／福祉事務所
㉑ 知的障害者福祉司は、＿＿＿は義務設置、＿＿＿は任意設置である。	知的障害者更生相談所／福祉事務所
㉒ 都道府県及び市は、＿＿＿などに精神保健福祉相談員を配置することができる。	精神保健福祉センター、保健所
㉓ 児童相談所に、＿＿＿を置かなければならない。	児童福祉司
㉔ 児童福祉司は、社会福祉士、精神保健福祉士、＿＿＿として 2 年以上相談援助業務に従事した者等のうちから任用される。	社会福祉主事

㉕ _____は、介護サービス利用者の疑問や不満、不安の相談に応じ、サービス担当者と意見交換等を行うボランティアである。	介護サービス相談員

Q 民生委員	A
㉖ 民生委員は、_____の推薦で_____が委嘱する。	都道府県知事／厚生労働大臣
㉗ 民生委員の任期は_____年であり、_____の指揮監督を受ける。	3／都道府県知事
㉘ 民生委員は、_____を兼ねる。	児童委員
㉙ _____は、_____のうちから主任児童委員を任命する。	厚生労働大臣／児童委員
㉚ 民生委員は、都道府県知事が市町村長の意見を聞いて定める区域ごとに、_____を組織しなければならない。	民生委員協議会

Q 医療系の専門職	A
㉛ 医師が正当な理由なく業務上知り得た秘密を漏らす行為は、_____法により罰せられる。	刑
㉜ 医師は、死体に異状を認めたときは、24時間以内に_____に届け出なければならない。	所轄警察署
㉝ 診療に従事する医師は、診察治療の求めがあった場合には、_____がなければ、これを拒んではならない。	正当な事由
㉞ _____は医師が発行することができ、医薬品の調剤は医師又は薬剤師が行うことができる。	処方せん
㉟ _____は、身体に障害のある者を対象として、主に基本的動作能力の回復を図るためのリハビリテーションを実施する。	理学療法士
㊱ _____は、身体又は精神に障害のある者を対象として、主に応用的動作能力又は社会的適応能力の回復を図るためのリハビリテーションを実施する。	作業療法士
㊲ _____は、言語訓練、嚥下訓練、人工内耳の調整などを実施する_____独占の国家資格である。	言語聴覚士／名称

38 ＿＿＿は、義肢・装具の製作、身体への適合を行う。	義肢装具士
39 ＿＿＿は、保健師助産師看護師法に基づき、妊産婦や新生児の訪問指導、乳幼児健診、保健指導などを行う。	保健師
40 ＿＿＿は、厚生労働大臣の免許を受けて、傷病者等に対して療養上の世話又は診療の補助を行う。	看護師
41 ＿＿＿は、保健医療、福祉、教育その他の分野において、心理に関する支援を要する者やその関係者に対し、その心理に関する相談に応じ、助言、指導その他の援助を行う。	公認心理師

Q 事業所・施設などの専門職	A
42 ＿＿＿は、福祉用具貸与事業所などに配置される専門職で、社会福祉士は資格要件として認められている。	福祉用具専門相談員
43 ＿＿＿は、指定訪問介護事業所や指定居宅介護事業所に配置され、訪問（居宅）介護計画の作成などを行う。	サービス提供責任者
44 ＿＿＿は、障害児通所支援事業所や障害児入所施設に配置され、児童発達支援計画の作成、相談、助言、連絡調整などを行う。	児童発達支援管理責任者
45 指定障害福祉サービスの管理を行う者として、＿＿＿が規定されている。	サービス管理責任者
46 ＿＿＿は、乳児院や児童養護施設等に配置され、家庭復帰を支援し、家庭復帰後の地域での見守り体制の調整などを行う。	家庭支援専門相談員
47 里親支援専門相談員は、里親支援を行う＿＿＿に配置される。	児童養護施設及び乳児院
48 ＿＿＿は、児童の保育及び児童の保護者に対する保育に関する指導を行うことを業とする。	保育士

ワンポイントアドバイス

「行政機関」とそこに配置される「専門職」とその役割をセットで覚えていきましょう。

5肢選択問題

Q1 法定受託事務に当たるものはどれか。2つ選べ。

1. 生活保護の決定及び実施
2. 社会福祉法人の認可事務
3. 居宅介護サービス費の支給
4. 保育所における保育
5. 国民健康保険料の徴収

A 1、2

1、2が法定受託事務、3、4、5は自治事務である。

Q2 精神保健福祉センターの業務はどれか。2つ選べ。

1. 精神保健指定医の指定
2. 精神保健審判員の任命
3. 精神科病院入院患者の退院請求の審査
4. 精神医療審査会の審査に関する事務
5. 精神障害者保健福祉手帳の等級判定

A 4、5

1は厚生労働大臣、2は裁判所、3は精神医療審査会の業務である。

Q3 知的障害者更生相談所について正しいものはどれか。1つ選べ。

1. 緊急時に知的障害者の一時保護を行う。
2. 知的障害者の医学的、心理学的及び職能的判定を行う。
3. 成年後見人の選任を行う。
4. 社会福祉士を配置しなければならない。
5. 精神保健福祉士を配置しなければならない。

A 2

知的障害者更生相談所は、都道府県に設置され、知的障害者福祉司が配置される。

Q4 福祉事務所を必ず設置しなければならないのはどれか。2つ選べ。

1. 国
2. 都道府県
3. 市
4. 町
5. 村

A 2、3

都道府県、市は必置、町村は任意設置である。

Q5 社会福祉主事の資格が必要な職種はどれか。2つ選べ。

1. 福祉事務所の所長
2. 福祉事務所の指導監督を行う所員（査察指導員）
3. 福祉事務所の現業を行う所員（現業員）
4. 福祉事務所の事務を行う所員
5. 福祉事務所の業務に協力する民生委員

A 2、3

社会福祉法第15条第6項で、指導監督を行う所員と現業を行う所員は、社会福祉主事でなければならないと規定している。

Q6 民生委員・児童委員について正しいものはどれか。1つ選べ。

1. 30万人を超えている。
2. 女性よりも男性が多い。
3. 任期は5年である。
4. 都道府県知事が委嘱する。
5. 分野別では、高齢者関係の相談が最も多い。

A 5

民生委員は厚生労働大臣が委嘱し、任期は3年である。約23万人のうち女性が6割を占める。

Q7 専門職について正しいものはどれか。1つ選べ。

1. 児童福祉司は、社会福祉士でなければならない。
2. 福祉事務所は、身体障害者福祉司を配置しなければならない。
3. 児童相談所は、女性相談支援員を配置しなければならない。
4. 身体障害者相談員は、都道府県が委嘱する。
5. 介護サービス相談員は、市町村が委嘱する。

A 5

児童福祉司は2年以上経験の社会福祉主事でもよい。福祉事務所には身体障害者福祉司は任意設置である。

Q8 専門職について正しいものはどれか。1つ選べ。

1. 介護支援専門員証の有効期間は、3年である。
2. 支援相談員は、介護老人福祉施設に配置される。
3. 家庭支援専門相談員は、障害者支援施設に配置される。
4. 相談支援専門員は、居宅サービス計画を作成する。
5. サービス提供責任者は、訪問介護事業所に配置される。

A 5

介護支援専門員証の有効期間は5年である。相談支援専門員はサービス等利用計画を作成する。

過去問にチャレンジ！

Q **第36回問題46**　**社会福祉に係る法定の機関に関する次の記述のうち、最も適切なものを 1 つ選びなさい。** B

1. 都道府県は、児童相談所を設置しなければならない。

2. 都道府県は、発達障害者支援センターを設置しなければならない。

3. 市町村は、保健所を設置しなければならない。

4. 市町村は、地方社会福祉審議会を設置しなければならない。

5. 市町村は、身体障害者更生相談所を設置しなければならない。

A　1

1　○

2　×　都道府県は、発達障害者支援センターを設置することができる（任意）。

3　×　都道府県、指定都市、中核市などが保健所を設置する。

4　×　都道府県、指定都市、中核市が地方社会福祉審議会を設置する。

5　×　身体障害者更生相談所は、都道府県に設置義務がある。

17 法学

B
★★☆

出題傾向

	項　目	主に出題される科目	第 37 回 試験予想 出 題 数	出題内容
40	**憲法**	⑥権利擁護を支える法制度	**1**	○日本国憲法の概要 ○基本的人権 ○幸福追求権
41	**民法**	⑥権利擁護を支える法制度	**2**	○民法総則 ○契約・不法行為 ○親族、遺産管理　など
42	**行政法**	⑥権利擁護を支える法制度	**1**	○行政組織 ○行政上の義務履行確保 ○行政訴訟制度 ○地方自治法

「憲法」「民法」「行政法」から出題されています。出題範囲が広いので準備が難しいですが、繰り返し出題された事項を押さえましょう。

『国試ナビ 2025』
P.225 ～ P.244 参照

穴埋め問題

Q　基本的人権	A
❶ 生命、自由及び＿＿＿に対する国民の権利は、＿＿＿に反しない限り、最大の尊重を必要とする。	幸福追求／公共の福祉
❷ 何人も、公共の福祉に反しない限り、居住、移転及び＿＿＿の自由を有する。	職業選択
❸ すべて国民は、＿＿＿の権利を有し、義務を負う。	勤労
❹ 賃金、就業時間、休息その他の勤労条件に関する基準は、＿＿＿でこれを定める。	法律
❺ 児童は、これを＿＿＿してはならない。	酷使
❻ 勤労者の団結する権利及び団体交渉その他の＿＿＿をする権利は、これを保障する。	団体行動
❼ 国民の三大義務は＿＿＿義務、＿＿＿の義務、＿＿＿の義務である。	教育を受けさせる／納税／勤労
❽ 抑留又は拘禁された後、無罪の裁判を受けたときは、国にその＿＿＿を求めることができる。	補償
❾ すべて国民は、＿＿＿の生活を営む権利を有する。	健康で文化的な最低限度
❿ 国は、すべての生活部面について、＿＿＿の向上及び増進に努めなければならない。	社会福祉、社会保障及び公衆衛生
⓫ 生存権、教育を受ける権利、勤労の権利、労働基本権は、＿＿＿権に分類される。	社会

Q　選挙権	A
⓬ 選挙権を有するものは、＿＿＿で満＿＿＿歳以上である。	日本国民／18

Q 裁判員制度	A
⑬ 裁判員制度は、司法に対する国民の理解の増進とその信頼の向上を図ることを目的として、国民が裁判員として_____裁判に参加する制度である。	刑事

Q 判例（朝日訴訟）	A
⑭ 朝日訴訟では、日本国憲法第 25 条第 2 項の規定は国の責務として宣言したにとどまり、直接個々の国民に対して_____を賦与したものではない。	具体的権利
⑮ 保護基準の設定に関して、厚生大臣（現・厚生労働大臣）の_____場合には、違法な行為として司法審査の対象となることを免れない。	裁量権の範囲を超えた

Q 【民法】意思表示・不法行為	A
⑯ 制限行為能力者がした法律行為は、_____ことができる。	取り消す
⑰ 精神上の障害により自己の行為の責任を弁識する能力を欠く状態にある間に他人に損害を加えた者は、その賠償の責任を_____。	負わない
⑱ 責任無能力者がその責任を負わない場合において、その責任無能力者を監督する法定の義務を負う者は、その責任無能力者が第三者に加えた損害を賠償する責任を_____。	負う
⑲ ある事業のために他人を_____は、被用者がその事業の執行について第三者に加えた損害を賠償する責任を負う。	使用する者

Q 【民法】契約	A
⑳ 契約は、契約の内容を示してその締結を申し入れる意思表示に対して相手方が_____をしたときに成立する。	承諾
㉑ _____契約は、当事者の一方が相手方に対して労働に従事することを約し、相手方がこれに対してその報酬を与えることを約することによって、その効力を生ずる。	雇用
㉒ _____契約は、当事者の一方がある仕事を完成することを約し、相手方がその仕事の結果に対してその報酬を支払うことを約することによって、その効力を生ずる。	請負

㉓ 日常生活自立支援事業における日常的金銭管理は、民法上の_____契約に該当する。	委任

Q 【民法】保証債務	A
㉔ 保証人は、主たる債務者が_____ときに、その履行をする責任を負う。	その債務を履行しない
㉕ 保証契約は、_____でしなければ、その効力を生じない。	書面

Q 消費者保護	A
㉖ 消費者契約法による「消費者契約」で消費者からの取り消しができる場合は、_____などである。	不実告知、不利益事実の不告知、断定的判断の提供、不退去・退去妨害、不安をあおる告知
㉗ クーリング・オフは、_____日に効力を生じる。	書面を発信した
㉘ 訪問販売のクーリング・オフ期間は、_____日である。	8

Q 【民法】親族	A
㉙ 親族は、_____親等内の血族、配偶者、_____親等内の姻族である。	6／3
㉚ 直系血族及び_____は、互いに扶け合わなければならない。	同居の親族
㉛ 直系血族及び_____は、互いに扶養する義務がある。	兄弟姉妹
㉜ 家庭裁判所は、特別の事情があるときは、_____親等内の親族間においても扶養の義務を負わせることができる。	3
㉝ 扶養義務者が数人いる場合の扶養をすべき者の順序について、当事者間の協議が調わないときは、_____が定める。	家庭裁判所

Q 【民法】婚姻と離婚	A
㉞ 生涯未婚率とは、_____歳時の未婚率のことで、_____性のほうが高い。	50／男
㉟ 離婚の種類は、協議離婚と_____離婚がある。	裁判

36 離婚の日から______以内に届け出ることによって、離婚の際の氏を称することができる。	3か月
37 子との面会・交流について父母の協議が調わない場合は、______が定める。	家庭裁判所

Q 【民法】親権	A
38 親権は、父母の婚姻中は______行う。	父母が共同して
39 父母が協議上の離婚をするときは、その協議で______を親権者と定めなければならない。	その一方
40 子の出生前に父母が離婚した場合には、親権は______が行う。	母
41 父又は母による虐待又は悪意の遺棄があるとき等は、______は請求により、その父又は母について、親権喪失の審判をすることができる。	家庭裁判所
42 ______は、児童等の親権者に係る民法の規定による親権喪失の審判の請求を行うことができる。	児童相談所長
43 家庭裁判所は請求があった場合は、______年を超えない範囲内で親権停止の審判をすることができる。	2

Q 【民法】養子縁組	A
44 ______は、養子と実方の血族との親族関係を終了させる養子縁組である。	特別養子縁組
45 特別養子縁組は、実方の父母の同意、養親による6か月以上の期間監護などを経て、______で成立する。	家庭裁判所の審判
46 特別養子縁組の対象年齢は、請求時原則______歳未満である。	15
47 特別養子縁組は、養親には______を請求することはできない。	離縁

Q 【民法】相続	A
48 子及び配偶者が相続人であるときは、子の相続分は______である。	2分の1
49 非嫡出子の相続分は、嫡出子の相続分と______である。	同等

50	遺言は、満＿＿＿歳に達した者が行うことができる。	15
51	遺言は、＿＿＿遺言、＿＿＿遺言、＿＿＿遺言がある。	自筆証書／公正証書／秘密証書
52	成年被後見人が事理を弁識する能力を一時回復したときにおいて遺言をするには、＿＿＿の立会いがなければならない。	医師 2 人以上
53	被保佐人が遺言を作成するには、保佐人の同意は＿＿＿である。	不要

Q	【行政法】行政行為の効力	A
54	行政行為の＿＿＿とは、違法な行政行為も、当然無効の場合は別として、正当な権限を有する機関による取消しのあるまでは、一応適法の推定を受けることをいう。	公定力
55	行政行為の＿＿＿とは、行政行為の性質上、又は一定の手続きを経た結果として、処分行政庁もその行政行為を自由に変更できない状態に置かれることをいう。	不可変更力

Q	【行政法】行政手続法	A
56	行政庁は、許認可などをするか否かの判断をするために＿＿＿を定めなければならない。	必要な判断基準（審査基準）
57	行政庁は不利益処分をしようとする場合には、＿＿＿により、意見陳述の手続きをとらなければならない。	聴聞又は弁明の機会の付与
58	行政指導は、相手方の＿＿＿によってのみ実現されるもので、相手方が行政指導に従わなかったことを理由として、＿＿＿をしてはならない。	任意の協力／不利益な取扱い

Q	【行政法】行政強制	A
59	行政庁は、税の滞納処分など、裁判所の判決を得なくても＿＿＿をすることができる。	強制執行（強制徴収）

Q	行政事件訴訟法	A
60	行政事件訴訟は、＿＿＿訴訟、＿＿＿訴訟、＿＿＿訴訟、＿＿＿訴訟がある。	抗告／当事者／民衆／機関

Q	A
61 ______訴訟は、行政庁が処分又は裁決をすべき旨を命ずる訴訟である。	義務付け
62 ______は、行政庁の処分その他公権力の行使に当たる行為の取消しを求める訴訟である。	処分の取消しの訴え
63 取消訴訟は、処分又は裁決があったことを______以内に提起しなければならない。	知った日から6か月
64 取消訴訟は、______を経過すると提起できなくなる。	処分又は裁決があった日から1年
65 処分取消しの訴えの提起があった場合、処分の効力は原則として停止______。	しない

Q 国家賠償法 A

Q	A
66 公務員が故意又は過失により、違法に他人に損害を与えた場合は、国又は地方公共団体は、被害者に対し、その______する責任を負う。	損害を賠償
67 公務員に______があった場合は、国又は地方公共団体から求償権を行使されることがある。	故意又は重大な過失
68 公の営造物に______があったために他人に損害を与えたときは、国又は地方公共団体は、被害者に対し、その損害を賠償する責任を負う。	瑕疵

Q 不服・苦情申し立て A

Q	A
69 年金や健康保険の被保険者資格や給付に関する処分の審査請求は、______に対して行う。	社会保険審査官
70 雇用保険の保険給付に関する処分に不服がある場合は、______に審査請求できる。	雇用保険審査官
71 国民健康保険の保険料に関する処分の審査請求は、______に対して行う。	国民健康保険審査会
72 介護保険の要介護認定、保険給付、保険料に関する審査請求は、______に対して行う。	介護保険審査会

73 障害者総合支援法の障害支援区分、支給量、利用者負担に関する審査請求は、＿＿＿に対して行う。	都道府県知事（障害者介護給付費等不服審査会）
74 社会保険や障害者総合支援法などの給付費等に係る処分の取消を裁判で争うには、先に＿＿＿し、裁決を経る必要がある。	審査請求
75 要介護認定、保険給付、保険料等に対する処分に対する審査請求は、＿＿＿に対して行う。	介護保険審査会
76 生活保護に関する審査請求に対する裁決が 50 日以内に行われないときは、審査請求が＿＿＿されたものとみなされる。	棄却

Q 行政不服審査法	A
77 審査請求は、処分があったことを＿＿＿以内にしなければならない。	知った日の翌日から起算して 3 か月
78 不服申し立ては、原則として＿＿＿を提出して行うが、＿＿＿で行うこともできる。	審査請求書／口頭
79 ＿＿＿者は、審査請求の審理手続を主宰する審理員になることができない。	審査請求に係る処分に関与した
80 再調査の請求は、個別法に特別の定めがある場合に限り、審査請求の前に＿＿＿に対してすることができる。	処分庁
81 不服申し立ての費用は徴収＿＿＿。	されない

ワンポイントアドバイス

憲法、民法、行政法などから幅広く出題されていますので、繰り返し出題されるポイントに絞って整理するほうが効果的です。

5肢選択問題

Q1 国民の義務はどれか。2つ選べ。

1. 納税の義務
2. 投票の義務
3. 定住の義務
4. 勤労の義務
5. 学問の義務

A 1、4

国民の3大義務は、納税、勤労、教育を受けさせる義務である。

Q2 日本国憲法について正しいものはどれか。1つ選べ。

1. 賃金・就業時間について明記していない。
2. 労働三権を保障すると明記していない。
3. 学問の自由について明記していない。
4. 検閲はしてはならないと明記していない。
5. 納税の義務について明記していない。

A 1

日本国憲法は、賃金・就業時間などは法律（労働基準法等）で定めるとしている。

Q3 日本国憲法における社会権はどれか。2つ選べ。

1. 財産権
2. 肖像権
3. 教育を受ける権利
4. 労働基本権
5. 自己決定権

A 3、4

社会権には、その他に生存権、勤労の権利がある。

Q4 親族について正しいものはどれか。1つ選べ。

1. いとこは、3親等である。
2. 親族は、6親等内の血族及び6親等内の姻族である。
3. 3親等内の親族は、互いに扶け合わなければならない。
4. 絶対的扶養義務は、直系血族のみにある。
5. 相対的扶養義務は、3親等内の親族間にある。

A 5

1は4親等、2の姻族は3親等内、3は直系血族及び同居の親族、4は直系血族及び兄弟姉妹である。

Q5 クーリング・オフについて正しいものはどれか。2つ選べ。

1. 契約書面受領日から一定期間内が対象である。
2. 訪問販売のクーリング・オフ期間は20日である。
3. 店舗販売、通信販売も対象である。
4. 違約金を支払う必要がある。
5. 書面を発信した日に効力を生じる。

A 1、5

訪問販売は8日間、店舗販売や通信販売は対象外、違約金は支払う必要はない。

Q6 医療契約や介護契約などは何契約か。1つ選べ。

1. 売買契約
2. 雇用契約
3. 請負契約
4. 使用貸借契約
5. 準委任契約

A 5

法律行為ではない事実行為の事務の委託は、準委任契約である。

Q7 相続について正しいものはどれか。1つ選べ。

1. 法定相続は、遺言に優先する。
2. 生前贈与は、相続財産に含めない。
3. 非嫡出子の法定相続分は、嫡出子の2分の1である。
4. 遺言は、満15歳に達した者が行うことができる。
5. 遺言の種類は、自筆証書遺言、公正証書遺言の2種類ある。

A 4

非嫡出子の法定相続分は嫡出子と同額である。

Q8 取消訴訟について正しいものはどれか。1つ選べ。

1. 法律上の利益を有しない者も提起できる。
2. 処分庁が被告となる。
3. 出訴期間は処分があったことを知った日から1年である。
4. 処分があった日から2年を経過すると提起できなくなる。
5. 訴えの提起があった場合、処分の効力は停止する。

A 2

法律上の利益を有する者が、処分があったことを知った日から「6か月」以内に提起しなければならない。

Q9 審査請求について正しいものはどれか。2つ選べ。

1. 原則として、口頭により不服を申し立てる。
2. 請求期間は、処分があったことを知った日の翌日から30日以内である。
3. 審査請求をすると処分の効力は停止する。
4. 費用は無料である。
5. 生活保護などは審査請求前置主義である。

A 4、5

請求期間は、処分があったことを知った日の翌日から起算して3か月以内である。

過去問にチャレンジ！

Q

第36回問題141　特別養子縁組の制度に関する次の記述のうち、最も適切なものを 1 つ選びなさい。 B

1. 配偶者のない者でも養親となることができる。
2. 養子となることができる子の年齢上限は、6 歳である。
3. 養親には離縁請求権はない。
4. 特別養子縁組の成立には、実親の同意は原則として必要ではない。
5. 特別養子縁組は、都道府県が養親となる者の請求により成立させることができる。

A　3

1	×	夫婦（一方が 25 歳以上、他方は 20 歳以上）でなければならない。
2	×	養子は請求時原則 15 歳未満（15 歳に達する前から養親候補者が引き続き養育しており、やむを得ない事由により 15 歳までに請求できなかった場合、18 歳未満）である。
3	○	
4	×	実親の同意が原則として必要である。
5	×	「家庭裁判所」の審判で成立する。

Q **第35回問題77** **日本国憲法の基本的人権に関する最高裁判所の判断についての次の記述のうち、最も適切なものを 1 つ選びなさい。** B

1. 公務員には争議権がある。
2. 永住外国人には生活保護法に基づく受給権がある。
3. 生活保護費を原資とした貯蓄等の保有が認められることはない。
4. 嫡出子と嫡出でない子の法定相続分に差を設けてはならない。
5. 夫婦別姓を認めない民法や戸籍法の規定は違憲である。

A 4

1 × 公務員の争議行為等は禁止されている。

2 × 永住外国人には受給権がない。人道上の観点から生活保護法が準用されている。

3 × 認められることがある（保護変更決定処分取消、損害賠償請求事件）。

4 ○

5 × 合憲である。

第2章

社会の仕組みを理解する科目

18

第2章　社会の仕組みを理解する科目

個人・家族

B
★★☆

出題傾向

	項　目	主に出題される科目	第37回試験予想出題数	出題内容
43	**個人**	③社会学と社会システム ⑤社会保障 ⑦地域福祉と包括的支援体制	**3**	○人口動態の変化 ○家族の概念、家族の変容 ○ライフステージ、ライフコース
44	**家族・世帯**	③社会学と社会システム ⑦地域福祉と包括的支援体制	**1**	○家族の概念、家族の変容 ○世帯数、世帯構成 ○ジェンダー ○高齢者を取り巻く社会環境 ○児童・家庭の生活実態

日本の人口動態、高齢者の動向、世帯の動向などの統計データや、ライフサイクル、世帯や家族の概要などから出題されています。統計やキーワードを確実に整理していきましょう。

『国試ナビ 2025』
P.246 ～ P.257 参照

穴埋め問題

Q　人口動態	A
❶ 2023（令和 5）年 10 月 1 日現在、日本の人口は約______万人で、近年、人口増加率は______で推移している。	1 億 2400 ／マイナス
❷ 第一次ベビーブーム（団塊の世代）は、______年生まれである。	1947（昭和 22）～1949（昭和 24）
❸ 従属人口指数は、老年人口と年少人口の合計人数の______人口に対する比率で表され、2023（令和 5）年は______％である。	生産年齢／ 68
❹ 老年人口が年少人口を上回ったのは______年で、2 倍を超えたのは______年である。	1997（平成 9）／2014（平成 26）
❺ ______とは、人口の年齢構成が経済にとってプラスに作用することをいう。	人口ボーナス

Q　高齢化	A
❻ 2023（令和 5）年 10 月 1 日現在、高齢化率は______％で、先進諸国の中で最も高い。	29.1
❼ ______年に後期高齢者数と前期高齢者数が逆転し、後期高齢者数が上回った。	2018（平成 30）
❽ 高齢化率が 7％から 14％に達するまでに要した「倍加年数」は 24 年であり、______年から______年にかけてであった。	1970（昭和 45）／1994（平成 6）
❾ 倍加年数を日本、ドイツ、フランス、韓国で比較すると、______が最も短い。	韓国
❿「日本の将来推計人口（令和 5 年推計）」によると、2070（令和 52）年には高齢化率は約______％に達すると見込まれている。	39
⓫ 老年人口の割合が最も高い都道府県は______、最も低い都道府県は______である。	秋田県／東京都

Q 合計特殊出生率	A
⑫ 合計特殊出生率は______歳までの女性の年齢別出生率の合計で、2022（令和 4）年は______である。	15 ～ 49 ／ 1.26
⑬ 人口置換水準は、人口が増加も減少もしない均衡した状態となる合計特殊出生率のことで、おおむね______である。	2.07
⑭ 日本の合計特殊出生率は、______年以降人口置換水準を下回っている。	1975（昭和 50）
⑮ 日本、韓国、イタリア、フランスの合計特殊出生率は、低い順に並べると______の順である。	韓国→イタリア→日本→フランス
⑯ 合計特殊出生率が最も高い都道府県は______で、最も低い都道府県は______である。	沖縄県／東京都
⑰ ______は、夫婦の最終的な出生子ども数で、2010（平成 22）年に 2.0 人を割り込んだ。	完結出生児数

Q 死因	A
⑱ 死因の上位 4 位は、______、心疾患、老衰、脳血管疾患である。	悪性新生物
⑲ 悪性新生物、高血圧性疾患、脳血管疾患、心疾患、糖尿病など生活習慣病関連疾病は、死因の約______割を占める。	6
⑳「令和 4 年人口動態統計」では、10 歳から 39 歳の死因としては、______が最も多い。	自殺

Q 寿命	A
㉑ 平均寿命とは、______歳児が平均して何歳まで生きるかを示したものである。	0
㉒ ______とは、ある年齢の人があと何年生きられるかという期待値のことである。	平均余命
㉓ 2022（令和 4）年の平均寿命は、男性______歳、女性______歳である。	81.05 ／ 87.09

㉔ 指標としての_____とは、健康状態で生活することが期待される平均期間である。	健康寿命
㉕ 2019（令和元）年の健康寿命は男性_____歳、女性_____歳である。	72.68 ／ 75.38
㉖「健康寿命」と「平均寿命」の差は、2019（令和元）年時点で、男_____歳、女_____歳である。	8.73 ／ 12.06

Q　個人に関する用語	A
㉗ _____は、人間の出生から死に至るプロセスに着目し、標準的な段階を設定して人間の一生の規則性を捉える概念である。	ライフサイクル
㉘ _____は、標準的な段階設定をすることなく、個人がたどる生涯の過程を示す概念である。	ライフコース
㉙ _____は、結婚、子どもの出生、配偶者の死亡といったライフイベントの時間的展開の規則性を説明する概念である。	家族周期

Q　福祉と就労に関する用語	A
㉚ _____は、公的扶助の受給条件として就労や職業訓練などの活動を義務づける政策である。	ワークフェア
㉛ _____は、働きがいのある人間らしい仕事のことである。	ディーセント・ワーク
㉜ _____は、仕事と個人の生活のバランスを維持しながら、仕事と生活の調和を目指すことをいう。	ワーク・ライフ・バランス

Q　近年の高齢者や介護に関する用語	A
㉝ _____とは、介護を要する高齢者を65歳以上の高齢者が介護することである。	老老介護
㉞ _____とは、1人の人や1つの世帯が同時期に介護と育児の両方に直面することである。	ダブルケア
㉟ _____とは、家族の介護その他の日常生活上の世話を過度に行っていると認められる子ども・若者のことである。	ヤングケアラー

Q ジェンダー	A
㊱ 社会的・文化的に規定された性差のことを、______という。	ジェンダー
㊲ 日本の女性の労働曲線は、______型曲線となっている。	M字
㊳ ______は、男女の役割に無意識に固定的な偏見をもつことや、そのために社会的な評価や扱いが差別的になることを指す。	ジェンダー・バイアス
㊴ イリイチ（Illich, I.）は、産業社会で不可欠であるが、賃金が支払われない労働のことを______と呼んだ。	ジャドウ・ワーク
㊵ 男女共同参画社会基本法では、都道府県は都道府県男女共同参画計画を______としている。	定めなければならない

Q LGBT	A
㊶ 性同一性障害特例法では、性別変更の審判の年齢要件は、______歳以上としている。	18
㊷ ______は、自己の属する性別についての認識に関するその同一性の有無又は程度に係る意識をいう。	ジェンダーアイデンティティ

Q 家族	A
㊸ 住居と生計を共にする人々の集団を、______という。	世帯
㊹ 国勢調査では、世帯を「一般世帯」と「______」の２つに大きく分類している。	施設等の世帯
㊺ ______は、跡継ぎとなる子どもの家族との同居を繰り返して、家族が世代的に再生産される。	直系家族制
㊻ 核家族とは、______、______、______の家族をいう。	夫婦と未婚の子／夫婦のみ／ひとり親と未婚の子
㊼ 自分が生まれ育った家族を______家族、結婚してつくる家族を______家族という。	定位／創設（生殖）
㊽ 仕事や社会との調整の役割を______役割、家事や家族内の調整の役割を______役割という。	手段的／表出的

49 前のパートナーとの子どもを連れて再婚した家族を、______という。	ステップファミリー
50 共働きで子どもをもたない夫婦を______という。	DINKs（ディンクス）
51 共働きをしながら子どもを育てる大婦を______という。	DEWKs（デュークス）

Q 世帯（2022（令和 4）年国民生活基礎調査等）	A
52 2022（令和 4）年の世帯数は約______万世帯、平均世帯人員は______人である。	5431 ／ 2.25
53 単独世帯の割合は______%を占め、増加傾向にある。	32.9
54 三世代世帯の割合は______%、ひとり親と未婚の子のみの世帯の割合は______%である。	3.8 ／ 6.8
55 65 歳以上の者のいる世帯は、全世帯の約______%である。	51
56 65 歳以上の者のいる世帯で、単独世帯は______%、夫婦のみ世帯は______%で、親と未婚の子のみの世帯は 20.1%、三世代世帯は 7.1%である。	31.8 ／ 32.1
57 児童のいる世帯は、全世帯の約______%である。	18
58 児童のいる世帯のうち核家族世帯の占める割合は、______%である。	84.4
59 母子世帯と父子世帯は、______世帯のほうが多い。	母子

ワンポイントアドバイス

「人口」や「世帯」に関する統計データは頻出事項なので、最新のデータを整理しておきましょう。

5肢選択問題

Q1 日本の人口について正しいものはどれか。1つ選べ。

1. 人口は増加傾向にある。
2. 2023（令和5）年の高齢化率は30％を超えている。
3. 2022（令和4）年の合計特殊出生率は1.5を超えている。
4. 2022（令和4）年の死因の1位は悪性新生物である。
5. 2022（令和4）年の従属人口指数は70％を超えている。

A 4

人口は2009（平成21）年より減少傾向にある。高齢化率は29.1％である。合計特殊出生率は1.26である。従属人口指数は約68％である。

Q2 ステップファミリーはどれか。正しいものを1つ選べ。

1. 共働きで子どもを持たない夫婦
2. 共働きをしながら子どもを育てる夫婦
3. 前のパートナーとの子どもを連れて再婚した家族
4. 血縁にこだわらずに選択的に形成された家族
5. 子どもが全員巣立った夫婦

A 3

1はDINKs、2はDEWKs、4はネットワークファミリー、5はエンプティネスト。

Q3 次の記述のうち正しいものはどれか。1つ選べ。

1. 夫婦と未婚の子は拡大家族である。
2. 定位家族は結婚してつくる家族である。
3. 世帯と親族は同一である。
4. ディーセント・ワークは賃金が支払われない労働である。
5. 女性の労働曲線はM字型を示している。

A 5

1は核家族、2は創設（生殖）家族、4のディーセント・ワークは働きがいのある、人間らしい仕事のことである。

Q4 2022（令和4）年の世帯の動向について正しいものはどれか。1つ選べ。

1. 世帯数は6000万世帯を超えている。
2. 65歳以上の者のいる世帯よりも児童のいる世帯のほうが多い。
3. 平均世帯人員は減少傾向である。
4. 65歳以上の者のいる世帯は三世代世帯が最も多い。
5. 児童のいる世帯の核家族世帯の割合は5割以下である。

A 3

世帯数は約5431万世帯で、65歳以上の者のいる世帯は夫婦のみ世帯が最も多く、児童のいる世帯の核家族世帯の割合は約8割を占める。

過去問にチャレンジ！

Q **第36回問題126** **「令和5年版高齢社会白書」(内閣府)に示された日本の高齢者を取り巻く社会情勢に関する次の記述のうち、正しいものを1つ選びなさい。** B

1. 人口の高齢化率は、2022年（令和4年）10月1日現在で、約16%となっている。

2. 高齢化率の「倍加年数」をアジア諸国で比較すると、韓国は日本よりも短い年数となっている。

3. 総人口に占める75歳以上の人口の割合は、2070年（令和52年）に約40%に達すると推計されている。

4. 2022年（令和4年）の労働力人口総数に占める65歳以上の者の割合は、2013年（平成25年）以降の10年間でみると、漸減傾向にある。

5. 2021年（令和3年）の65歳以上の者の死因別の死亡率をみると、悪性新生物よりも肺炎の方が高くなっている。

「個人」「家族・世帯」の定義や統計データは、関連づけながら整理していきましょう。

A 2

1 × 高齢化率は、29.0%となっている。

2 ○

3 × 約25%に達すると推計されている。

4 × 労働力人口総数に占める65歳以上の者の割合は増加傾向である。

5 × 肺炎よりも悪性新生物の方が高くなっている。

19 社会学

B
★★☆

出題傾向

	項　目	主に出題される科目	第37回試験予想出題数	出題内容
45	**社会システム**	③社会学と社会システム ④社会福祉の原理と政策 ⑦地域福祉と包括的支援体制	3	○社会システムの概念 ○社会的行為、文化・規範 ○社会階級と社会階層
46	**地域福祉**	③社会学と社会システム ④社会福祉の原理と政策 ⑦地域福祉と包括的支援体制	4	○地域の概念、コミュニティの概念 ○社会変動の概念・近代化、産業化、情報化 ○過疎化と地域社会 ○災害と復興
47	**社会問題**	③社会学と社会システム ④社会福祉の原理と政策 ⑭児童・家庭福祉	1	○社会的格差 ○社会政策と社会問題 ○差別と偏見
48	**グローバリゼーション**	③社会学と社会システム ④社会福祉の原理と政策 ⑦地域福祉と包括的支援体制	1	○国境を越える移動 ○移民、多文化、国籍・グローバル・エイジング ○外国人住民の増加

社会システム、集団、地域福祉、社会問題など社会学全般から出題されています。難易度の高い問題も多く、準備が難しい単元ですが、頻出事項はしっかり得点できるように準備しましょう。

『国試ナビ 2025』
P.258 ～ P.271 参照

穴埋め問題

Q　社会階層	A
❶ 本人の能力や努力の結果を評価し、職業選択に結びつけることを前提とした社会を、＿＿＿主義社会という。	業績

Q　社会移動	A
❷ 親の職業と子どもの職業が異なるときに移動しているとみる社会移動を、＿＿＿移動という。	世代間
❸ ＿＿＿移動とは、既成エリートがエリートたるものの基準を設定し、その基準に合う次世代のものを早期に選抜し、その選抜以後の上昇移動を保障していくことをいう。	庇護
❹ ＿＿＿移動とは、産業構造や人口動態の変化によって社会的地位の移動を余儀なくされることをいう。	構造

Q　社会的行為	A
❺ ＿＿＿行為は、将来の予測を立て、ある目的を達成するために行われる行為である。	目的合理的
❻ ＿＿＿行為は、祈願や祈祷などのように、結果を度外視した信奉する価値の実現のために行われる行為である。	価値合理的
❼ パーソンズ（Parsons, T.）の社会的行為論として、＿＿＿がある。	主意主義的行為理論
❽ ＿＿＿では、社会的行為の主観的意味を理解することを通して、その過程及び結果を説明しようとする。	理解社会学
❾ ミード（Mead, G.）は、自我とは＿＿＿と＿＿＿の 2 つの側面から成立しており、他者との関係が自己自身への関係へと転換されることによって形成されることを指摘した。	主我（I）／客我（me）

Q　政治的支配	A
❿ ＿＿＿支配とは、形式的に正しい手続きを経て定められた法に基づいていることを理由に、人々がその支配を受け入れていることである。	合法的

⑪ _____とは、人々の私的利益の追求は利害対立を生み、万人の万人に対する闘争状態が予想されるなかで、社会秩序がなぜ可能となるのかを問うことである。	ホッブズ問題

Q 社会的役割	A
⑫ _____とは、個人の行動パターンに対する他者の期待を指し、規範的な意味を持つ。	役割期待
⑬ 個人が、他者や集団の観点から自身を見て自らの行為のあり方を形成していく過程を_____という。	役割取得
⑭ 本来期待される役割から意図的に距離をとることを_____という。	役割距離
⑮ 保有する複数の役割間の矛盾や対立から心理的緊張を感じることを_____という。	役割葛藤

Q 社会関係資本	A
⑯ _____は、信頼、規範、ネットワークなど、人々や組織の調整された諸活動を活発にする資源である。	社会関係資本（ソーシャルキャピタル）
⑰ _____型社会関係資本は、異なる集団間で異質な人や組織を結びつけるネットワークである。	橋渡し

Q 社会的ジレンマ	A
⑱ 協力し合うことが互いの利益になるにもかかわらず、非協力への個人的誘因が存在する状況を_____という。	囚人のジレンマ
⑲ _____は、それぞれの個人が合理的な判断の下で自己利益を追求した結果、全体としては不利益な状況を招いてしまうことを指す。	共有地の悲劇
⑳ ある財やサービスの対価を払うことなく、利益のみを享受する人のことを_____という。	フリーライダー
㉑ 協力行動には報酬を、非協力行動には制裁を与え、協力的行動を選択するほうが合理的であるようにする方法を_____という。	選択的誘因

Q 集団に関する理論	A
㉒ テンニース（Tönnies, F.）は、共同社会を______、利益社会を______とした。	ゲマインシャフト／ゲゼルシャフト
㉓ マッキーヴァー（MacIver, R.）は、特定の目的を実現するためにつくられた人為的集団を______、地理的・文化的な地域性を結合要素とした社会集団を______とした。	アソシエーション／コミュニティ
㉔ 家族や親族などは第______次集団、会社や学校などの社会集団は第______次集団である。	一／二

Q 組織	A
㉕ ヴェーバー（Weber, M.）による官僚制の特徴は、______などである。	権限の原則、階層の原則、専門性の原則、文書主義
㉖ 官僚には組織目標を実現するために、規程の遵守が求められるが、これへの過剰な同調が生じると臨機応変の処置がとれなくなる。これは、マートン（Merton, R. K.）が論じる官僚制の______の一局面である。	逆機能
㉗ メイヨー（Mayo, G. E.）のホーソン実験では、労働者の生産意欲を高めるには、賃金、照明などの環境だけでなく、______が重要であるとした。	職場のインフォーマルな人間関係
㉘ ______グループとは、職場内で個人的な接触などによって自然発生的に形成されるグループのことをいう。	インフォーマル
㉙ ______とは、その集団の標準的な行動スタイルがその人の行動、態度の拠り所となっているような集団を指す。	準拠集団
㉚ ______とは、住民や地域関係者、行政などがその都度集い、相談、協議し、学び合う場のことをいう。	プラットフォーム

Q 都市化と地域社会	A
㉛ ワース（Wirth, L.）は、都市では人間関係の分節化と希薄化が進み、無関心などの社会心理が生み出されるとする、______論を提起した。	アーバニズム

㉜ 拡散した都市機能を集約させ、生活圏の再構築を図る都市を______という。	コンパクトシティ
㉝ ______は、社会の近代化・産業化とともに出現した大衆によって動かされる社会のことである。	大衆社会
㉞ ______は、言語や歴史、社会的価値観などを共有する集団における所属意識やアイデンティティのことである。	エスニシティ
㉟ 限界集落は、高齢化率が______%を超えた社会である。	50

Q 地域包括ケア	A
㊱ ______は、医療・介護・予防・住まい・生活支援サービスが地域の特性に応じて、一体的に提供されるシステムの構築を目指している。	地域包括ケアシステム

Q 被災者支援	A
㊲ 市町村長は、避難行動要支援者ごとに、避難支援等を実施するための______を作成するよう努めなければならない。	個別避難計画
㊳ ______は、災害発生時に、要配慮者を受け入れる避難所で、国のガイドラインによって各市町村で確保するよう求められている。	福祉避難所
㊴ ______は、大規模災害や多傷病者が発生した事故などの現場に、急性期から活動できる機動性を持った、専門的な訓練を受けた医療チームである。	DMAT（災害派遣医療チーム）

Q 社会貢献活動	A
㊵ 医療、福祉、教育などに対する寄附や奉仕を______という。	フィランソロピー
㊶ 企業の文化や芸術に対する援助のことを______という。	メセナ

Q ボランティア	A
㊷ 民生委員や保護司は、______型のボランティアである。	行政委嘱
㊸ ______は、ボランティアをしたい人と受けたい人をつないだり、プログラムの企画や開発などを行う。	ボランティアコーディネーター

Q 社会問題	A
44 _____主義は、社会問題は、ある状態を解決されるべき問題とみなす人々のクレイム申立てとそれに対する反応を通じて作り出されるというとらえ方である。	構築
45 _____は、弱さや脆弱性という意味で、生存、健康、生活、尊厳、つながり、環境などが脅かされたり、そうなる恐れがある状態である。	ヴァルネラビリティ
46 _____論は、社会がある行為を逸脱とみなし統制しようとすることによって、逸脱が生じると考える立場である。	ラベリング
47 マートン（Merton, R. K.）は、文化的目標とそれを達成するための制度的手段との不統合が存在する場合に、_____が生じるとした。	アノミー
48 _____とは、他者や社会集団によって個人に押し付けられた「好ましくない違いを表わす印」を示す概念である。	スティグマ
49 _____と呼ばれる社会運動では、地域に施設が建設されると、公共のための必要性は理解できるが、環境被害をもたらすと主張し、反対運動を起こす。	ニンビー（NIMBY）
50 軽微な犯罪を取り締まることで凶悪犯罪を防止できるという理論を_____理論という。	割れ窓

Q ひきこもり	A
51 ひきこもりは、社会的参加を回避し、原則的には_____以上にわたっておおむね家庭にとどまり続けている状態をいう。	6か月
52 ひきこもり地域支援センターには、ひきこもり状態にある者の社会参加を支援するため_____が配置されている。	ひきこもり支援コーディネーター

Q ヘイトスピーチ解消法	A
53 ヘイトスピーチ解消法では、国民は、本邦外出身者に対する_____のない社会の実現に寄与するよう努めなければならないとしている。	不当な差別的言動

Q 環境問題	A
54 1997（平成 9）年の______では、二酸化炭素などの温室効果ガス排出削減率が国ごとに決められた。	京都議定書
55 持続可能な開発目標（SDGs）は、持続可能でよりよい世界をつくるために 17 の目標を掲げており、______に終止符を打つとともに、気候変動への具体的な対策を求めている。	貧困

Q 自殺	A
56 市町村は、自殺対策基本法に基づく市町村自殺対策計画の策定______がある。	義務
57 自殺者は、______性に多く、______が動機の人が多い。	男／健康問題
58 自殺予防週間は 9 月 10 日から 9 月 16 日までとし、自殺対策強化月間は______月としている。	3

Q 外国人	A
59 2022（令和 4）年末現在、在留外国人は約______万人である。	308
60 事業主は、新たに外国人を雇い入れた場合、______に届け出なければならない。	厚生労働大臣
61 健康保険、雇用保険などの社会保険は、外国人労働者に______。	適用される
62 生活保護法は、就労目的での在留資格で在留する外国人には______。	適用されない
63 経済連携協定（EPA）に基づく介護福祉士候補者の受入れの対象国は、______、______、______の 3 か国である。	インドネシア／フィリピン／ベトナム

ワンポイントアドバイス

範囲が広く、出題予想が難しい単元ですが、過去に繰り返し出題されている事項は押さえておきましょう！

5肢選択問題

Q1 出自や性別などの属性ではなく個人の教育達成や職業選択によって、流動的に社会移動するようになる社会を何社会というか。1つ選べ。

1. 民主主義
2. 業績主義
3. 属性主義
4. 合理化
5. 機能分化

A 2

属性主義社会とは、出自や性別などの属性で社会移動するような社会である。

Q2 親の職業と子どもの職業が異なるときに移動しているとみる社会移動を何というか。1つ選べ。

1. 世代間移動
2. 世代内移動
3. 庇護移動
4. トーナメント移動
5. 構造移動

A 1

世代内移動は、個人が最初についた職業と現在従事している職業が異なるときの社会移動のことである。

Q3 社会的行為の主観的意味を理解することを通して、その過程及び結果を説明しようとする考え方を表す用語はどれか。1つ選べ。

1. 合理的選択理論
2. 主意主義的行為
3. 理解社会学
4. コミュニケーション的行為
5. 社会システム論

A 3

理解社会学は、ヴェーバー（Weber, M.）によって提唱された。

Q4 パーソンズ（Parsons, T.）の社会的行為論はどれか。1つ選べ。

1. コミュニケーション的行為論
2. 交換理論
3. 集合行動論
4. 象徴的相互作用論
5. 主意主義的行為理論

A 5

主意主義的行為理論は、人間の行為は客観的条件に規定されつつも、行為者の主観的な意図に方向づけられているとする理論である。

Q5 **ヴェーバー（Weber, M.）の合法的支配の説明はどれか。1 つ選べ。**

A 2

1. 伝統や慣習により、正当化される支配
2. 正当な手続により制定された法に従うことで成立する支配
3. 支配者のリーダーシップや資質、魅力によって正当化される支配
4. 絶対的な権力者が定めた法に基づいて行われる支配
5. 少数の卓越した能力を持つ者たちによって行われる支配

ヴェーバーは政治的支配の形態を、合法的支配、伝統的支配、カリスマ的支配に分類した。

Q6 **「本来期待される役割から意図的に距離をとること」はどれか。1 つ選べ。**

A 3

1. 役割取得
2. 役割形成
3. 役割距離
4. 役割猶予
5. 役割葛藤

具体例は「外科医が手術中に冗談を言う」などである。

Q7 **「フリーライダー」に関する記述として正しいものはどれか。1 つ選べ。**

A 4

1. 他者からの矛盾した命令を受け取ることで身動きがとれない者
2. 自分の利益を得るために他者を裏切ることを選択する者
3. 他者との比較で剥奪感を抱いている者
4. 自ら負担することなく集合財を享受する者
5. 自分の効用を引き上げるために他者の効用を引き下げる者

フリーライダーは、ある財やサービスの対価を払うことなく、利益のみを享受する人のことである。

Q8 **マートン（Merton, R. K.）による「官僚制の逆機能」はどれか。1 つ選べ。**

A 4

1. 権限の原則
2. 階層の原則
3. 専門性の原則
4. 秘密主義・画一的傾向
5. 文書主義

「官僚制の逆機能」はその他に、権威主義的傾向、繁文縟礼、セクショナリズムなどがある。

過去問にチャレンジ！

Q **第35回問題19　社会的役割に関する次の記述のうち、最も適切なものを１つ選びなさい。** B

1. 役割距離とは、個人が他者からの期待を自らに取り入れ、行為を形成することを指す。

2. 役割取得とは、個人が他者との相互行為の中で相手の期待に変容をもたらすことで、既存の役割期待を超えた新たな行為が展開することを指す。

3. 役割葛藤とは、個人が複数の役割を担うことで、役割の間に矛盾が生じ、個人の心理的緊張を引き起こすことを指す。

4. 役割期待とは、個人が他者からの期待と少しずらした形で行為をすることで、自己の主体性を表現することを指す。

5. 役割形成とは、個人が社会的地位に応じた役割を果たすことを他者から期待されることを指す。

A　3

1　×　「役割取得」である。

2　×　「役割形成」である。

3　○

4　×　「役割距離」である。

5　×　「役割期待」である。

20 組織と経営

B
★★☆

出題傾向

	項　目	主に出題される科目	第37回試験予想出題数	出題内容
49	組織と経営理論	⑲福祉サービスの組織と経営	2	○福祉サービスを提供する組織 ○福祉サービスの沿革と概況 ○組織運営に関する基礎理論 ○会計管理と財務管理
50	サービス管理・リーダーシップ	⑲福祉サービスの組織と経営	2	○福祉人材の育成 ○働きやすい労働環境の整備 ○リーダーシップに関する基礎理論 ○チームに関する基礎理論

組織と経営の諸理論や人事労務管理などから出題されています。難易度の高い問題も多く出題されますが、基本事項も出題されますので、頻出事項をしっかり押さえておきましょう。

『国試ナビ 2025』
P.272 ～ P.282 参照

穴埋め問題

Q 組織と経営の基礎理論	A
① ______とは、長期的目標を決定し、これらの目的を遂行するための行動方式を採択し、諸資源を割り当てることである。	経営戦略
② ______とは、企業がそのステークホルダーに対し情報を公開・開示することである。	ディスクロージャー
③ 環境が異なれば有効な組織も異なるという考え方を______という。	コンティンジェンシーアプローチ
④ ______企業は、事業を通じて社会的な困難や課題に取り組む組織である。	社会的
⑤ ______は、企業活動を通じて市民や地域、社会の要請に対し積極的に貢献すべきとする考えである。	CSR（企業の社会的責任）
⑥ ______は、社会的価値の創出と企業の経済利益活動を同時に実現することである。	CSV（共通価値の創造）
⑦ ______は、「自社（Company）」「競合（Competitor）」「顧客（Customer）」のそれぞれをリサーチし、戦略を考えるフレームワークである。	3C 分析
⑧ バーナード（Barnard, C.）によれば、公式組織の 3 要素とは、コミュニケーション、貢献意欲、______である。	共通目的
⑨ ______は、組織内に相反する意見や態度などが存在し、葛藤、対立が生じている状態をいう。	コンフリクト
⑩ ______は、ルールや手続き、専門分化と分業、権限の階層構造などの特徴を持ち、組織を有効に機能させるうえで利点がある。	官僚制
⑪ 有機的な管理システムでは、______方向のコミュニケーションが多くみられる。	水平
⑫ ______は、キャリアやスキルを段階的に設定し、キャリアアッププランを具体化する。	キャリアパス

⑬ ______とは、キャリアを選択する際に、何があっても犠牲にしたくない価値観や欲求のことである。	キャリアアンカー
⑭ ドナベディアン（Donabedian, A.）によれば、ヘルスケアの質は______、______、______の 3 つで評価される。	構造／過程／結果
⑮ ______・モデルは、他のモデルより課題達成のために多職種間で役割を横断的に共有（役割解放）することが多いチームである。	トランスディシプリナリ
⑯ PDCA サイクルは、計画、実行、評価、______の 4 段階を繰り返すことによって、業務を継続的に改善する。	改善

Q リスクマネジメント	A
⑰ リスクマネジメントは、リスクの発生原因、損失などを事前に______するプロセスである。	回避
⑱ ______の法則は、1 件の重大事故の背後に 29 の軽微な事故と 300 のヒヤリハットが存在するという経験則の 1 つである。	ハインリッヒ
⑲ 介護サービス事業者は、______を選任しなければならない。	法令遵守責任者
⑳ 介護保険施設は、事故発生の防止のための研修を、______に実施しなければならない。	定期的

Q サービス管理	A
㉑ 福祉サービスの______評価の次元は、投入、過程、産出、成果、効率性である。	プログラム
㉒ サービス・プロフィット・チェーンの考え方によれば、サービスへの利用者の満足度を高めるためには、______を高めることが重要である。	従業員の仕事への満足度
㉓ ______とは、財務だけでなく、顧客、業務プロセス、従業員の学習・育成といった各視点から企業実績を評価する仕組みである。	バランス・スコアカード
㉔ 福祉サービス第三者評価の受審は必須______。	ではない（任意）
㉕ 社会的養護施設は、第三者評価の定期的な受審及び結果の公表が______。	義務づけられている

Q	A
㉖ 介護サービス事業者は、介護サービス情報を_____に報告しなければならない。	都道府県知事
㉗ _____学習とは、既存の枠組みとは異なる新しい可能性を探る組織学習の形態である。	ダブルループ

Q リーダーシップ	A
㉘ 三隅二不二は、リーダーシップの行動面に注目して、集団の「課題達成機能」と「集団維持機能」の 2 次元で類型化した_____理論を示した。	PM
㉙ _____アプローチでは、リーダーシップという影響力の実体をリーダー個人の身体的・精神的資質としてとらえる。	特性
㉚ _____リーダーシップは、メンバーの成熟度に応じてリーダーシップスタイルを変化させ、組織でリーダーシップを発揮する。	状況対応型
㉛ _____理論では、メンバーの目標達成のための道筋を明示することが、リーダーシップの本質であるとしている。	パス・ゴール
㉜ _____リーダーシップは、変化のメカニズムを組織内に定着させ、変革を実現するリーダーシップである。	変革型
㉝ _____においては、人材の多様性は組織に様々な価値や利益をもたらすと考えられている。	ダイバーシティ・マネジメント
㉞ _____は、それぞれのメンバーが、必要に応じてリーダーのように振る舞って他のメンバーに影響を与えるリーダーシップである。	シェアード・リーダーシップ

Q 人事・労務関連	A
㉟ _____は、職務を通じて上司が部下を指導・育成する研修をいう。	OJT
㊱ _____制度は、新入社員などに対し、先輩社員がマンツーマンで実務の指導や職場生活上の相談を行う制度である。	エルダー
㊲ _____制度は、従業員が自分の職務について成果の目標を設定し、その達成度を評価していく仕組みである。	目標管理

Q	A
38 _____とは、人材育成を目的として、多くの部署に計画的に人事異動させることである。	ジョブ・ローテーション

Q 会計・財務管理	A
39 事業運営に伴う経常的な運転資金を_____コスト、施設整備のためなどに必要な初期費用を_____コストという。	ランニング／イニシャル
40 金融機関からの借入れを_____金融という。	間接
41 _____は期末における財政状態を明らかにする計算書類で、資産の使用状況を記入した左側を「借方」、資金調達の内訳を記入した右側を「貸方」と呼ぶ。	貸借対照表
42 _____の具体的中身は、土地や建物等である。	資産
43 _____は、一定の期間における収益と費用の状態を明らかにする計算書類である。	損益計算書（事業活動計算書）
44 _____とは、固定資産（土地と建設仮勘定を除く）の取得原価を、その耐用年数にわたって費用化する手続である。	減価償却

Q 個人情報の保護	A
45 個人情報は_____の情報をいい、個人の身体的な特徴に関する情報が含まれる。	生存する個人
46 個人情報取扱事業者は、個人情報を取り扱うにあたっては、利用目的を_____しなければならない。	できる限り特定
47 健康診断やその他の検査の結果の情報の取得に当たっては、原則として_____が必要とされている。	本人の同意
48 事故の際の安否情報、虐待の情報、犯罪調査などの場合、本人の同意を得ないで個人のデータを第三者に提供_____。	できる

ワンポイントアドバイス

準備が難しい単元ですが、「福祉サービスの評価」「個人情報保護法」など頻出事項は押さえておきましょう。

5肢選択問題

Q1 組織理論について正しいものはどれか。1つ選べ。

1. コンフリクトによって新しいアイデアが生まれることはない。
2. ダブルループ学習は、既存の枠組み内の組織学習である。
3. 官僚制は、専門分化、権限の階層構造などの特徴がある。
4. 有機的な管理システムでは、垂直方向のコミュニケーションが多くみられる。
5. 組織の生産性の観点からは、非公式組織はつくらないほうがよい。

A 3

2はシングルループ学習の説明である。4は水平方向のコミュニケーションが多くみられる。非公式組織は生産性向上に重要な要素となる。

Q2 次の記述のうち正しいものはどれか。1つ選べ。

1. OJTは職務を通じて行う指導・教育のことである。
2. 目標管理制度では、自己評価は行わない。
3. 事業所数が20以下の事業者は、法令遵守責任者の選任義務はない。
4. イニシャルコストとは、事業運営に伴う経常的な運転資金である。
5. ジョブ・ローテーションは、人材育成を目的としたものではない。

A 1

3の法令遵守責任者はすべての事業所に選任義務がある。4はランニングコストの説明である。5は人材育成も目的としている。

Q3 財務管理について正しいものはどれか。1つ選べ。

1. 貸借対照表の借方（左側）は資金使途を示し、純資産が計上される。
2. 土地や建物は貸借対照表の流動資産に計上される。
3. 負債とは返済義務のない財源である。
4. 金融機関からの借入れを直接金融という。
5. 減価償却とは、土地と建設仮勘定を除く固定資産の取得原価を、その耐用年数にわたって費用化する手続である。

A 5

1は貸方（右側）、2は固定資産に計上、3は返済義務がある財源、4は間接金融という。

Q4 個人情報保護法について正しいものはどれか。2つ選べ。

1. 死者の情報は含まない。
2. 偽りその他不正の手段により個人情報を取得してはならない。
3. 利用目的は特定しなくてよい。
4. 災害の際の安否確認の情報も利用目的を明示しなければならない。
5. 例外なく、開示請求には応じなければならない。

A 1、2

利用目的をできる限り特定しなければならない。本人又は第三者の生命、身体、財産などの権利利益を害するおそれがある場合などは開示しないことができる。

過去問にチャレンジ！

Q **第36回問題112** **「個人情報保護法」に関する次の記述のうち、正しいものを1つ選びなさい。** B

1. 個人情報取扱事業者には、国の機関は除外されている。
2. 本人の生命の保護に必要がある場合であっても、本人の同意を得ることが困難であるときは、個人情報を第三者に提供してはならない。
3. オンラインによる個人情報の提供は、ウイルスや不正アクセス等のリスクを伴うため禁止されている。
4. クレジットカード番号は、個人識別符号に含まれる。
5. 事業者は、サービス利用者から本人のサービス記録の開示を求められた場合でも、これに応じる義務はない。

A 1

1	○	
2	×	本人の生命の保護に必要がある場合は、本人の同意は不要としている。
3	×	オンラインによる個人情報の提供は禁止されていない。
4	×	クレジットカードはおよそいかなる場合においても特定の個人を識別することができるとは限らないので個人識別符号に含まれない。
5	×	開示を求められた場合は原則として応じる義務がある。

Q **第35回問題124** **人材の確保や育成に関する次の記述のうち、最も適切なものを1つ選びなさい。** B

1. 360度評価（多面評価）とは、評価者である上司が、職員の能力や業績だけでなく、性格、志向、特技などを多面的に評価する手法を指す。

2. 人事考課においては、ある対象を評価する際に、部分的で際立った特性が、全体の評価に及んでしまうハロー効果が起こることがある。

3. OJT（On the Job Training）とは、日常の職務を離れて行う教育訓練方法のことを指す。

4. 職員のキャリアや能力の開発を目的に人事異動を実施することは、望ましくないとされている。

5. エルダー制度は、新入職員のセルフラーニングを通じた自己啓発の仕組みである。

A 2

1 × 上司、同僚、部下など複数の評価者によって評価する。

2 ○

3 × 日常の職務を通じて上司が部下を指導・育成する教育訓練方法のことを指す。

4 × ジョブローテーションは能力開発につながるので望ましい。

5 × 年齢の近い先輩社員が直接指導を行うOJT制度の一種。

21 法人

B
★★☆

出題傾向

	項　目	主に出題される科目	第 37 回試験予想出題数	出題内容
51	**社会福祉法人／医療法人／ NPO 法人**	⑦地域福祉と包括的支援体制 ⑲福祉サービスの組織と経営	**3**	○社会福祉法人 ○医療法人 ○ NPO 法人 ○会社・協同組合

代表的な法人（社会福祉法人、社会福祉協議会、NPO 法人）について出題されています。特に社会福祉法人は必ず出題されると思いますのでしっかりと準備しましょう。

『国試ナビ 2025』
P.283 ～ P.289 参照

穴埋め問題

Q	社会福祉法人	A
❶	社会福祉法人以外の者は、その名称中に、＿＿＿又はこれに紛らわしい文字を用いてはならない。	社会福祉法人
❷	社会福祉法人は、自主的にその経営基盤の強化を図るとともに、その提供する福祉サービスの＿＿＿及び事業経営の＿＿＿を図らなければならない。	質の向上／透明性の確保
❸	日常生活又は社会生活上の支援を必要とする者に対して、＿＿＿で、福祉サービスを積極的に提供するよう努めなければならない。	無料又は低額な料金
❹	主たる事務所が市の区域内にある社会福祉法人でその行う事業が市の区域を越えないものは＿＿＿、2 以上の地方厚生局の管轄区域に所在している場合は＿＿＿が所轄庁である。	市長／厚生労働大臣
❺	社会福祉法人の設立には、原則としてその主たる事務所の所在地の＿＿＿の認可を受けなければならない。	都道府県知事
❻	役員及び会計監査人は、＿＿＿の決議によって選任する。	評議員会
❼	社会福祉法人の役員の数は、理事は＿＿＿人以上、監事は＿＿＿人以上である。	6 ／ 2
❽	各理事について、その配偶者もしくは三親等以内の親族等が＿＿＿人を超えて含まれ、又は理事の総数の＿＿＿分の 1 を超えて含まれてはならない。	3 ／ 3
❾	評議員会は、＿＿＿の評議員が必要である。	理事の員数を超える数（7 人以上）
❿	＿＿＿はみだりに売却、廃棄などの処分は行えない。	基本財産
⓫	社会福祉法人は、他の社会福祉法人と合併することが＿＿＿。	できる
⓬	社会福祉法人は＿＿＿事業、＿＿＿事業、＿＿＿事業を行うことができる。	社会福祉／公益／収益

⑬ 居宅介護支援事業や有料老人ホームの経営などは＿＿＿事業である。	公益
⑭ 公益事業において剰余金が生じたときには、当該社会福祉法人の＿＿＿や＿＿＿に充てることとされている。	社会福祉事業／公益事業
⑮ 社会福祉法人は、病院や診療所、介護老人保健施設を開設することが＿＿＿。	できる
⑯ 社会福祉法人は、毎会計年度終了後３月以内に＿＿＿及び＿＿＿、事業報告並びにこれらの附属明細書を作成しなければならない。	貸借対照表／収支計算書
⑰ 現況報告書や財務諸表等は、＿＿＿を活用して公表しなければならない。	インターネット
⑱ 社会福祉法人は、社会福祉充実残額が生じた場合は＿＿＿計画を策定する必要がある。	社会福祉充実
⑲ 法人税などが非課税になるのは、＿＿＿事業である。	社会福祉、公益
⑳ 個人が社会福祉法人に対してその主たる目的である業務に関連して寄附した場合には、必要書類を添付の上確定申告をすることで＿＿＿を受けることができる。	所得控除
㉑ 社会福祉法人が解散した際の残余財産は、社会福祉法人その他の社会福祉事業を行う者又は＿＿＿に帰属する。	国庫

Q　社会福祉連携推進法人	**A**
㉒ 社会福祉連携推進法人は、社会福祉法人である社員の数が社員の＿＿＿であることが認可の基準である。	過半数
㉓ 社会福祉連携推進法人は、地域福祉支援業務、災害時支援業務、経営支援業務、＿＿＿業務、＿＿＿業務などを共同して行う法人である。	貸付／人材確保等
㉔ 社会福祉連携推進法人は、社会福祉事業を行うことが＿＿＿。	できない

Q　医療法人	A
㉕ 医療法人は、＿＿＿の開設を目的として設立された法人である。	病院、診療所、介護老人保健施設、介護医療院
㉖ 医療法人は、役員として理事を＿＿＿人以上、監事を＿＿＿人以上置かなければならない。	3／1
㉗ 医療法人社団は、少なくとも毎年1回＿＿＿を開催する。	定時社員総会
㉘ 医療法人は、収益業務を実施することが＿＿＿。	できない
㉙ 2022（令和4）年の医療法人の割合は、病院は約＿＿＿%、診療所は約＿＿＿%、歯科診療所は約＿＿＿%である。	69／44／24
㉚ 医療法人は、剰余金の配当は＿＿＿。	禁止されている
㉛ 医療法人は、保育所や障害福祉サービス事業など第＿＿＿種社会福祉事業を実施することができる。	2
㉜ 社会医療法人は、第1種社会福祉事業や収益事業の実施も可能であるが、＿＿＿などは開設することができない。	特別養護老人ホームや養護老人ホーム

Q　特定非営利活動法人（NPO法人）	A
㉝ 特定非営利活動法人の設立は、＿＿＿の認証後、＿＿＿により成立する。	都道府県知事（指定都市市長）／登記
㉞ 特定非営利活動法人の役員は、理事＿＿＿人以上、監事＿＿＿人以上置かなければならない。	3／1
㉟ 特定非営利活動法人の最高の議決機関は＿＿＿で、＿＿＿人以上の社員が必要である。	社員総会／10
㊱ 特定非営利活動法人における各社員の表決権は＿＿＿である。	平等
㊲ 社員の資格の得喪については＿＿＿、加入脱退の自由を保障する必要がある。	不当な条件を付さず
㊳ 役員のうち報酬を受ける者の数が、役員総数の＿＿＿以下でなければならない。	3分の1

39 社会福祉法人の設立に資産要件は＿＿＿が、特定非営利活動法人の設立に資産要件は＿＿＿。	ある／ない
40 特定非営利活動法人の活動の範囲は、社会教育の推進を図る事業など＿＿＿分野に限定されている。	20
41 特定非営利活動法人の最も多い活動分野は＿＿＿であり、約＿＿＿割の法人が実施している。	保健、医療又は福祉の増進を図る活動／6
42 特定非営利活動に係る事業に支障がない限り、その収益を当該事業に充てるため、＿＿＿を行うことができる。	収益事業
43 特定非営利活動法人の解散時の残余財産は、＿＿＿等に帰属する。	定款で定めた他の特定非営利活動法人
44 認定特定非営利活動法人に寄附又は贈与したときは、所得税等の課税について＿＿＿等の特例の適用がある。	寄附金控除

Q その他の団体	A
45 会社法では、会社を＿＿＿会社、＿＿＿会社、＿＿＿会社、＿＿＿会社としている。	株式／合名／合資／合同
46 公益社団（財団）法人は、一般社団（財団）法人のうち、＿＿＿法により公益性の認定を受けた法人である。	公益法人認定
47 生活協同組合は、＿＿＿法に基づき設立された協同組合で、福祉に関する事業を行うことができる。	消費生活協同組合
48 町内会は、福祉、防災などの活動のほかに＿＿＿事業を実施することができる。＿＿＿単位の加入が原則であるが、加入は義務ではない。	収益／世帯
49 ＿＿＿法では、町内会は「地縁による団体」と規定され、法人格をもつことも可能である。	地方自治

ワンポイントアドバイス

「社会福祉法人」「医療法人」「NPO 法人」を比較しながら整理しましょう。

5肢選択問題

Q1 社会福祉法人について正しいものはどれか。1 つ選べ。

1. 設立は市町村長の認可が必要である。
2. 監事は法人を代表する。
3. 評議員会に地域の代表は加えなくてよい。
4. 社会福祉事業と公益事業のみ行える。
5. 法人税や固定資産税などが非課税である。

A 5

都道府県知事等の認可が必要で、理事長が法人を代表する。収益事業も行うことができる。

Q2 医療法人について正しいものはどれか。1 つ選べ。

1. 病院の 90%以上が医療法人である。
2. 一人医師の医療法人は 30%以下である。
3. 特別養護老人ホームを開設できる。
4. 設立には市町村長の認可が必要である。
5. 社会医療法人は第 1 種社会福祉事業を行うことができる。

A 5

病院の約 69%が医療法人で、一人医師の医療法人は 80%以上である。特別養護老人ホームは開設できない。設立には都道府県知事の認可を受ける。

Q3 特定非営利活動法人について正しいものはどれか。1 つ選べ。

1. 法人数は減少傾向である。
2. 設立には所轄庁の認可が必要である。
3. 5 人以上の社員が必要である。
4. 活動分野は 17 分野に限定されている。
5. 保健、医療又は福祉の増進を図る活動が最も多い。

A 5

法人数は増加傾向で、設立には所轄庁の認証を受ける。10 人以上の社員が必要で、活動分野は 20 分野に限定されている。

Q4 法人とその根拠法の組み合わせについて正しいものはどれか。1 つ選べ。

1. 社会福祉法人 ・・・・ 老人福祉法
2. 医療法人 ・・・・・・ 高齢者の医療の確保に関する法律
3. 株式会社 ・・・・・・ 民法
4. 生活協同組合 ・・・・ 消費生活協同組合法
5. 公益社団法人 ・・・・ 会社法

A 4

1 は社会福祉法、2 は医療法、3 は会社法、5 は公益法人認定法。

過去問にチャレンジ！

Q

第36回問題119　社会福祉法人に関する次の記述のうち、正しいものを2つ選びなさい。 B

1. 主たる事務所の所在地において設立の登記をすることによって成立する。

2. 収支計算書の公表は任意である。

3. 他の社会福祉法人と合併することはできない。

4. 評議員、評議員会、理事、理事会、監事を設置することが義務づけられている。

5. 評議員は無報酬でなければならない。

A　1、4

1	○	
2	×	定款、貸借対照表、収支計算書、役員報酬基準等を公表しなければならない。
3	×	他の社会福祉法人と合併することができる。
4	○	
5	×	報酬を支払うことができる。評議員の報酬等の額は、定款で定めなければならない。

Q **第35回問題120** **特定非営利活動法人の組織運営に関する次の記述のうち、正しいものを 1 つ選びなさい。** B

1. 特定非営利活動法人における最高意思決定機関は、評議員会である。

2. 特定非営利活動法人において役員に報酬を支払うことができるのは、役員総数の半数までである。

3. 特定非営利活動法人は、その主たる活動の目的を、政治上の主義を推進、支持、反対するための活動とすることができる。

4. 特定非営利活動法人は、法律に定められた要件を満たし、必要な書類を添えて所轄庁に申請し、審査を経て認可された後、登記することによって成立する。

5. 特定非営利活動法人は、その社員の資格の得喪に関して不当な条件を付してはならず、加入や脱退の自由を保障する必要がある。

A 5

1 × 「社員総会」である。

2 × 「3 分の 1 以下」である。

3 × 政治上の活動はできない。

4 × 「認証」によって成立する。

5 ○

第3章

利用者を理解する科目

医学

B
★★☆

出題傾向

	項　目	主に出題される科目	第37回試験予想出題数	出題内容
52	**発達と老化**	①医学概論	**1**	○心身の加齢・老化
53	**人体の構造と機能**	①医学概論	**1**	○人体部位の名称 ○基幹系と臓器の役割
54	**疾病と障害**	①医学概論	**5**	○障害の概要（視覚障害、聴覚障害、肢体不自由、内部障害、精神障害、発達障害、認知症等） ○疾病と障害及びその予防・治療（脳血管疾患・心疾患・神経疾患・肺疾患・腎・泌尿器疾患・消化器疾患・骨・関節の疾患等）
55	**リハビリテーション**	①医学概論	**1**	○リハビリテーションの定義、目的、対象、方法 ○国際生活機能分類（ICF）

発達と老化、人体の構造と機能、疾病と障害、リハビリテーションと多岐にわたって出題されます。出題範囲が広いので準備が難しくなっています。頻出事項は確実に得点できるように準備しましょう。

『国試ナビ 2025』
P.292 ～ P.315 参照

穴埋め問題

Q 身体の成長と発達	A
❶ 受精から受精卵は分割を始め、受精後______週目までには人としての基本的生理機能を担う器官が形成される。	8
❷ 原始反射は______に反射中枢をもち、______より発達し、脳の成熟とともに消失し始める。	脊髄・脳幹／胎生5か月前後
❸ 大泉門は、______頃までに自然に閉鎖する。	1歳6か月
❹ 乳歯は、生えそろうと______本になる。	20
❺ リンパ系は、生後から______歳頃までにかけて急激に発達する。	12～13
❻ 脳や脊髄などの神経系は、______期前後に急激に発達する。	乳幼児
❼ 身長や体重などの一般系は、生後から成人まで______を描いて成長する。	緩やかなS字カーブ
❽ 思春期には、第______性徴という身体的な変化が始まる。	二次
❾ 脳の重量は、4～6歳で成人のおよそ______%を超える。	90
❿ 出生時の平均体重は約______kgで、出生時の約2倍になるのは______か月である。	3／3～4
⓫ 出生時の平均身長は約______cmで、出生時の約2倍になるのは______歳前後である。	49／4
⓬ 寝返りが打てるようになるのは、______か月頃である。	5～6
⓭ ______か月までに、1人で歩くことができる。	18
⓮「アーアー」などの意味のない発声（喃語）を始めるのは、______頃である。	4か月
⓯ 初語（意味をもつ最初の言葉）を言い始めるのは、______頃である。	1歳

⑯ 2語文を言い始めるのは、＿＿＿前後である。	2歳

Q 加齢による身体機能の変化	A
⑰ 高齢者では、多臓器にわたって発生する重複がんが＿＿＿する。	増加
⑱ 加齢に伴って咀嚼機能は＿＿＿しやすい。	低下
⑲ 高齢者は、嚥下障害のため＿＿＿性肺炎が多い。	誤嚥
⑳ 高齢者の気管支喘息では、アレルギー型（アトピー型）よりも＿＿＿が多い。	感染型（非アトピー型）
㉑ 高齢者の血圧は、＿＿＿期血圧が上昇しやすく、収縮期血圧と拡張期血圧の差は＿＿＿する。	収縮／拡大
㉒ 栄養状態は、中重度の要介護者は＿＿＿をきたしやすい。	低栄養
㉓ 加齢に伴って、体重から体脂肪量を差し引いた、除脂肪体重が＿＿＿する。	減少
㉔ 加齢に伴って、肺活量は＿＿＿し、肺の残気量が＿＿＿する。	低下／増加
㉕ 高齢者は喉の渇きを感じにくいため、＿＿＿になりやすい。	脱水
㉖ 記憶障害では、＿＿＿記憶が低下しやすい。	短期
㉗ 高齢者の難聴は、＿＿＿から始まる。	高音域
㉘ 高齢になって筋力や活動が低下している状態を、＿＿＿という。	フレイル
㉙ ＿＿＿とは、高齢期の筋量や筋力の低下、それに伴う身体機能の低下した状態をいう。	サルコペニア

Q 人体の構造と機能	A
㉚ 健康な成人において、血液細胞を作り出しているのは＿＿＿である。	骨髄
㉛ 血管、消化管、気管支には、＿＿＿筋が分布している。	平滑
㉜ 視覚中枢は、大脳の＿＿＿にある。	後頭葉

33 大脳の______は、計画、判断、評価、創造などの高次精神活動に関係する。	前頭葉
34 脳幹は、上部から______の順に並んでいる。	中脳・橋・延髄
35 副交感神経は、消化管の運動を______する。	亢進
36 心臓の左の心房と心室の間にある弁を______、右の心房と心室の間にある弁を______という。	僧帽弁／三尖《せん》弁
37 冠状動脈は______より分岐する。	大動脈起始部
38 肺でガス交換された血液は、______で心臓へと運ばれる。	肺静脈
39 ヘモグロビンは、______の運搬にかかわる。	酸素
40 血液は、左心室から______へと流れる。	大動脈
41 免疫系には体液性免疫と細胞性免疫があり、T 細胞が関係するのは______免疫である。	細胞性
42 肺は左右 2 つからなり、左は______つ、右は______つの肺葉に分かれている。	2 ／ 3
43 吸気時には、横隔膜と肋《ろっ》間筋が______する。	収縮
44 通常、呼吸回数は、脳幹が血中の______濃度を感知することによって調節している。	二酸化炭素
45 嚥下時には、喉頭蓋《こうとうがい》が______ことによって誤嚥を防止している。	閉じる
46 腸管は、口側より、十二指腸、______、______、大腸の順序である。	空腸／回腸
47 胃粘膜からは、______性の消化液が分泌される。	強酸
48 胆汁は、______でつくられる。	肝臓
49 膵《すい》臓のランゲルハンス島にある α 細胞は______、β 細胞は______を分泌する。	グルカゴン／インスリン
50 副甲状腺ホルモンは、______代謝をつかさどる。	カルシウム

51 眼球の外層にある黒目の部分は、_____である。	角膜
52 三半規管は、_____の前庭につながっている。	内耳
53 _____睡眠は、早い眼球運動を伴うのが特徴的である。	レム
54 一般的な睡眠経過では入眠時に_____睡眠がみられ、次に_____睡眠が出現する。	ノンレム／レム

Q　認知症	A
55 _____認知症は、脳の中にアミロイドβという蛋白質が溜まり、正常な脳の神経細胞を壊して脳萎縮させる。	アルツハイマー型
56 _____認知症は、感情失禁やまだら認知症等が特徴的な認知症である。	血管性
57 _____認知症は、幻視、パーキンソン症状等が特徴的な認知症である。	レビー小体型
58 _____認知症は、性格の変化や常同行動等が特徴的な認知症である。	前頭側頭型
59 _____は、数か月前の転倒などによる頭部外傷が原因のことが多く、認知症に似た症状がみられることもある。	慢性硬膜下血腫
60 _____は、脳室拡大が起きてきて水頭症が進行し、認知症、歩行障害、尿失禁などの症状がみられる。	正常圧水頭症
61 _____病は、異常なプリオン蛋白が脳に蓄積して神経細胞が変性し、認知症の症状がみられる。	クロイツフェルト・ヤコブ
62 認知症の質問式の評価スケールで、図形的能力などの動作性の課題が含まれるのは_____である。	MMSE（ミニメンタルステート検査）

Q　脳血管障害	A
63 _____は、脳以外の部位でできた血栓等が脳細動脈を塞いで発症する。	脳塞栓
64 _____は、脳動脈瘤が破裂することにより、脳の表面とくも膜の間に出血し、突発性の激しい頭痛が特徴で、嘔気・嘔吐を伴う。	くも膜下出血

65	注意障害、遂行機能障害は、______障害に含まれる。	高次脳機能
66	______失語は主に言語の表出が障害されるが、______失語は主に言語の理解が障害される。	運動性（ブローカ）／感覚性（ウェルニッケ）

Q	神経疾患	A
67	______は、運動ニューロンが変性し、徐々に筋肉の萎縮と筋力の低下をきたし、言語障害、嚥下障害などを伴う。	筋萎縮性側索硬化症（ALS）
68	______は、脳内のドーパミンが減少し、安静時振戦、筋固縮、動作緩慢、姿勢反射障害などの症状が生じる。	パーキンソン病
69	______は、小脳及び脳幹から脊髄にかけての神経細胞の変性で起き、ふらつき、歩行困難などの運動失調がみられる。	脊髄小脳変性症
70	頸髄損傷では四肢麻痺がみられ、腰髄損傷では______麻痺がみられる。	下肢（対）

Q	運動器疾患	A
71	変形性関節症の中で最も多いのは、______である。	膝関節症
72	手をついて転倒すると、前腕の______で骨折することが多い。	橈骨遠位端
73	______は、原因不明で難治性・全身性の炎症性疾患で、朝の手足のこわばり、関節の痛み、腫れ、変形がみられる。	関節リウマチ
74	______は、加齢により脊椎椎管が細くなり神経が圧迫され、腰痛や間欠性跛行などの症状がみられる。	脊柱管狭窄症

Q	循環器疾患	A
75	高血圧症は、診察室での収縮期血圧（最高血圧）が______mmHg以上、または拡張期血圧（最低血圧）が______mmHg以上としている。	140／90
76	______高血圧は、高血圧全体の約90％を占める。	本態性
77	______は、冠動脈が狭くなり、先のほうへ必要な血液を送れない状態で、一時的に心筋が酸素不足に陥って胸の痛みや圧迫感を引き起こす。	狭心症

78	______は、下肢の比較的太い動脈が慢性的に閉塞し、足が冷たく感じたり、歩くと痛みやしびれ感、間欠性跛行などの症状がある。	閉塞性動脈硬化症

Q	呼吸器疾患	A
79	______は、肺胞の破壊や気道炎症が起き、緩徐進行性及び不可逆的に息切れが生じる。	慢性閉塞性肺疾患（COPD）
80	______肺炎は、飲食物や胃液の逆流物が誤って気管や気管支に入って起こる。	誤嚥性

Q	内分泌・代謝疾患	A
81	発症に生活習慣の関与が強いのは、______型糖尿病である。	2
82	糖尿病の三大合併症（細小血管合併症）は、糖尿病性網膜症、______、糖尿病性神経障害である。	糖尿病性腎症
83	______は、甲状腺ホルモンの不足のため生体代謝が低下し、浮腫、倦怠感、悪寒、ねむけ、皮膚の乾燥、便秘などの症状がみられる。	甲状腺機能低下症
84	痛風発作は、______部の関節に多い。	母趾のつけ根

Q	感覚器疾患	A
85	白内障は、______が混濁してものが見えにくくなる。	水晶体
86	緑内障は、______が上がって視野障害を来す。	眼圧
87	______難聴は、内耳又はそれ以降の神経系の障害に起因する難聴である。	感音性

Q	先天性疾患	A
88	______は、体細胞の 21 番染色体に 1 本過剰な染色体が存在することで起こる。	ダウン症候群
89	______は、受精から出生直後（生後４週まで）に何らかの原因で受けた脳の損傷によって引き起こされる運動機能の障害が特徴である。	脳性まひ
90	デュシェンヌ型筋ジストロフィーは、______性に発症する遺伝性疾患である。	男

Q　感染症	A
91 結核は、_____感染する。	空気
92 疥癬は、_____を病原体とする感染症である。	疥癬虫（ヒゼンダニ）
93 デング熱は、_____を介して感染する。	蚊
94 ノロウイルスに汚染された衣類の消毒には、_____消毒が有効である。	次亜塩素酸ナトリウム
95 腸管出血性大腸菌 O-157 は、_____を産生し、予防には食品の_____処理が有効である。	ベロ毒素／加熱

Q　精神疾患	A
96 統合失調症は、幻覚、妄想、まとまりのない発語などの_____症状や、感情の平板化や意欲の低下などの_____症状がある。	陽性／陰性
97 _____は、抑うつ気分、興味又は喜びの著しい減退、不眠又は過眠、精神運動焦燥又は制止、無価値観、罪責感、死についての反復思考などが特徴である。	うつ病
98 _____の症状として、易怒的な気分、睡眠欲求の減少、誇大妄想、観念奔逸などがある。	躁病
99 心的外傷後ストレス障害（PTSD）は、_____により外傷的出来事を反復的に想起する。	フラッシュバック
100 _____は、太ることに対する恐怖、食物摂取の不良又は拒否、体重減少を特徴とする。	神経性無食欲症（神経性やせ症）
101 _____は、対人的関係の障害、同一性への固執などの特徴がある。	自閉スペクトラム症（ASD）
102 注意欠如・多動症（ADHD）は、_____性の方が有病率が高い。	男
103 精神疾患の診断・統計マニュアル（DSM-5）は、_____が作成した。	アメリカ精神医学会

Q　がん	A
104 近年の傾向として、胃がんの死亡率は_____している。	低下

Q	A
⑩⑤ がん診療連携拠点病院では、相談支援を行う部門として______が設置されている。	がん相談支援センター

Q リハビリテーション	A
⑩⑥ 脳卒中のリハビリテーションは、急性期、回復期、______に分けられる。	維持期（生活期）
⑩⑦ リハビリテーションの領域は、医学、社会、______、______などの分野がある。	教育／職業
⑩⑧ ______は、炊事、洗濯、掃除などの家事、買い物、金銭管理、趣味活動、公共交通機関の利用など複雑な日常生活動作のことである。	IADL（手段的日常生活動作）
⑩⑨ 廃用症候群の症状として、筋萎縮、関節拘縮、骨粗鬆症、起立性低血圧、精神機能の低下、______などが挙げられる。	褥瘡
⑪⓪ 仙骨部や踵骨部の褥瘡は、______臥位で起こる。	仰

Q 国際生活機能分類（ICF）	A
⑪① 国際生活機能分類（ICF）は、______により採択され、国際的に用いられている。	世界保健機関（WHO）
⑪② ______とは、日常生活活動から家事、仕事など生活行為のことである。	活動
⑪③ 活動は、能力と______で評価される。	実行状況
⑪④ ______とは、個人が活動を行うときに生じる難しさのことである。	活動制限
⑪⑤「店で買物ができないこと」は、______に該当する。	参加制約
⑪⑥ 背景因子には、______因子と______因子がある。	個人／環境
⑪⑦ 出勤時間調整の職場の配慮は、______因子に分類される。	環境

ワンポイントアドバイス

「医療」の単元は出題範囲が広く、準備が大変ですが、「老化」「認知症」など高齢者の特徴や高齢者に多い疾患の出題頻度が高いので、押さえておきましょう。

5肢選択問題

Q1　加齢に伴う身体の変化について正しいものはどれか。1つ選べ。

1. 体重に占める水分の割合は増加する。
2. 収縮期血圧と拡張期血圧の差は縮小する。
3. 聴力は高周波音域から低下する。
4. 肺活量は維持される。
5. 流動性知能は維持される。

A　3

1は減少する、2は拡大する、4、5は低下する。

Q2　解剖学的に正常なものはどれか。1つ選べ。

1. 頸椎は12個の骨で構成される。
2. 頸動脈は体表から触知できる。
3. 大腸は空腸と回腸に分けられる。
4. 右肺は2つの肺葉からなる。
5. 胃は横隔膜の上にある。

A　2

1は7個、3は大腸ではなく、小腸、4は3つ、5は横隔膜の下にある。

Q3　成人疾患と人体部位について正しいものはどれか。1つ選べ。

1. 側臥位での褥瘡好発部位は、仙骨部である。
2. 対麻痺では、両側上肢に麻痺が認められる。
3. 痛風発作は、母趾のつけ根部の関節に多い。
4. 手をついて転倒すると、前腕の橈骨近位端で骨折することが多い。
5. 脳血管障害による片麻痺は、脳の障害部位と同側に症状が出る。

A　3

1は仰臥位、2は両側下肢、4は橈骨遠位端、5は反対側である。

Q4　筋萎縮性側索硬化症（ALS）に伴いやすい症状はどれか。1つ選べ。

1. 認知障害
2. 感覚障害
3. 嚥下障害
4. 膀胱直腸障害
5. 眼球運動障害

A　3

筋萎縮性側索硬化症の場合、1、2、4、5は末期まで症状は現れにくい。

Q5 レビー小体型認知症の症状として最も適切なものはどれか。1つ選べ。

1. 具体的な幻視が現れる。
2. もの盗られ妄想が現れる。
3. 常同行動が現れる。
4. 万引きなど反社会的な行動が現れる。
5. シャント手術によって改善が期待できる。

A 1

レビー小体型認知症は、幻視やパーキンソン症状などが特徴である。

Q6 脳血管性認知症の特徴的な症状はどれか。2つ選べ。

1. パーキンソン症状
2. まだら認知症
3. 幻視
4. 感情失禁
5. 常同行動

A 2、4

1、3はレビー小体型認知症、5は前頭側頭型認知症の特徴である。

Q7 統合失調症の症状に含まれているものはどれか。1つ選べ。

1. まとまりのない発語
2. 観念奔逸
3. 強迫行為
4. 抑うつ気分
5. 不眠又は過眠

A 1

統合失調症の症状はその他に、妄想、幻覚などがある。

Q8 がん（悪性新生物）の主な部位別にみた死亡数で女性の第1位はどれか。1つ選べ。

1. 大腸がん
2. 胃がん
3. 膵臓がん
4. 乳がん
5. 肺がん

A 1

第1位大腸がん、第2位肺がん、第3位膵臓がん、第4位乳がん、第5位胃がんである。

Q9 国際生活機能分類（ICF）の背景因子はどれか。1つ選べ。

1. 環境因子
2. 活動
3. 疾病
4. 参加
5. 心身機能

A 1

背景因子は、環境因子と個人因子がある。

過去問にチャレンジ！

Q

第36回問題1　成熟時の発達を 100%としたスキャモン（Scammon, R.）の臓器別発育曲線に関する次の記述のうち、正しいものを 1 つ選びなさい。 B

1. 25 歳を 100%として表している図である。

2. 身長など一般型は S 字型カーブを示す。

3. リンパ型は 12 歳頃に約 90%となる。

4. 神経型は 12 歳頃に最も発達する。

5. 生殖型は 12 歳頃に 70%となる。

A　2

1　×　20 歳を 100%として表している。

2　○

3　×　12 歳頃に約 180%となる。

4　×　6 歳頃までに最も発達する。

5　×　12 歳頃は 10%くらい、17 ～ 18 歳頃に 70%くらいになる。

23 心理

B
★★☆

出題傾向

	項　目	主に出題される科目	第37回試験予想出題数	出題内容
56	学習／記憶	②心理学と心理的支援	1	○学習・行動 ○古典的条件づけ・道具的条件づけ ○記憶
57	感覚／知覚／認知	②心理学と心理的支援	1	○感覚・知覚 ○思考・認知バイアス
58	欲求／適応／ストレス	②心理学と心理的支援	1	○不適応の理論 ○ストレス理論
59	発達	②心理学と心理的支援	1	○ライフステージと発達課題 ○認知発達理論・言語発達・アタッチメント理論・道徳性の発達
60	心理療法と心理検査	②心理学と心理的支援	2	○支持的精神療法・精神分析・認知行動療法・家族療法・ブリーフ・セラピー・対人関係療法 ○心理アセスメント
61	知能／人格／集団	②心理学と心理的支援	1	○知能・パーソナリティ ○対人関係・集団・組織・自己

学習、記憶、感覚、欲求、知能、発達、心理療法など心理学全般から出題されています。出題範囲が広いので準備が難しい単元となっています。頻出事項は確実に得点できるように準備しましょう。

穴埋め問題

『国試ナビ 2025』
P.316 ～ P.332 参照

Q　代表的な学習理論	A
❶ 梅干しを見ただけで、唾液が分泌されるのは、______条件づけによる現象である。	古典的（レスポンデント）
❷ 子どもが、周囲の大人から繰り返しほめられた行動を行うようになることは、______条件づけによる行動である。	道具的（オペラント）
❸ あれこれ試みて失敗しながら、次第に無駄な反応が排除され、学習者にとって満足をもたらす反応だけが生じる学習を______という。	試行錯誤
❹ 課題に対する目標と手段の関係がひらめいたり、解決への見通しをはたらかせることによって学習していく方法を______という。	洞察学習
❺ モデルの行動を観察するだけで、直接強化を受けることがなくても成立する学習を______という。	観察学習（モデリング）

Q　記憶	A
❻ 作動記憶やエピソード記憶は、加齢による影響が______。	顕著にみられる
❼ ______記憶とは、短い時間、あることを記憶にとどめておくのと同時に、認知的作業を頭の中で行う記憶をいう。	作動（作業）
❽ 旅行の記憶など、ある特定の時間と場所での個人にまつわる出来事の記憶を______記憶という。	エピソード
❾ 都道府県の名前、人口など一般的な知識の記憶を______記憶という。	意味
❿ ______記憶とは、自転車の乗り方など動作に関する身体的反応の記憶をいう。	手続き
⓫ ______記憶とは、「明日の 3 時に友人と会う」というような、将来の予定や約束に関する記憶である。	展望的

Q　感覚と知覚	A
12 2つの刺激の明るさや大きさなどの物理的特性の違いを区別することができる最小の差異を＿＿＿という。	弁別閾
13 目や耳などの感覚器には、光や音以外にも「眼球をおすと光が見える」などの感覚を生じさせる刺激があり、これを＿＿＿という。	不適刺激
14 網膜像から対象物の形を知覚するには、認識対象の形を背景から浮き立たせる＿＿＿が必要である。	図と地の分離
15 中空にある月より地平線に近い月の方が大きく見える。これは＿＿＿による。	錯視
16 暗闇で過ごす時間が長くなるにつれて瞳孔が拡大し、見える範囲が次第に狭まって、初め見えなかったものが見えるようになるのは＿＿＿である。	暗順応
17 パーティ会場などのにぎやかな場所でも自分が話している相手の声や興味のある言葉、自分の名前などは聞こえてくる現象を＿＿＿効果という。	カクテルパーティ
18 外界の刺激を時間的・空間的に意味のあるまとまりとして知覚するはたらきを、＿＿＿という。	知覚の体制化
19 斜め上からのコーヒーカップの網膜像は楕円であるにもかかわらず、円形をしていると見るのは、＿＿＿のはたらきである。	知覚の恒常性
20 映画のフィルムは1コマごとの静止画像なのに、連続して提示すると動いて見える現象を＿＿＿という。	仮現運動
21 同じ大きな音が繰り返されるにつれて、驚愕反応が小さくなる現象を＿＿＿という。	馴化
22 環境のさまざまな要素が人間や動物に影響を与え、感情や動作が生まれることを＿＿＿という。	アフォーダンス

Q　認知に関する効果	A
23 緊急事態において目撃者が多いほど、援助の手が差し伸べられにくくなる現象を＿＿＿効果という。	傍観者

㉔ 教師が生徒に対して成績向上の期待をもつことによって、実際にその生徒の成績が向上していく現象を_____効果という。	**ピグマリオン**
㉕ 周囲で見ている人がいると作業が早くなるなど、個人の作業成績が向上する現象を_____効果という。	**ホーソン**
㉖ ある特徴的な一面に影響され、その他の側面に対しても同じように評価してしまう現象を_____効果という。	**ハロー（光背）**
㉗ 頻繁に接触する人に対して、好意を持ちやすくなることを_____という。	**単純接触効果**

Q　適応機制	**A**
㉘ より以前の発達段階に逆戻りして、甘えるなどの未熟な行動をとる適応機制を_____という。	**退行**
㉙ 自分にとって都合の悪い欲求や衝動を意識に上らせないようにする適応機制を_____という。	**抑圧**
㉚ ある劣等感を他の事柄で優位に立ってその劣等感を補おうとする適応機制を_____という。	**補償**
㉛ 自分の失敗に都合のよい理由をつけて自分の立場を正当化する適応機制を_____という。	**合理化**
㉜ 自分の中の認めがたい抑圧した感情等を、他者に所属するとみなす適応機制を_____という。	**投影・投射**
㉝ 知られたくない欲求や感情と反対の行動をとることにより、本当の自分を隠そうとする適応機制を_____という。	**反動形成**
㉞ 競争心が高まりライバルを攻撃したくなったが、不適切だと感じ、ボクシングの練習で気持ちを解消した適応機制を_____という。	**昇華**
㉟ 父から叱られ腹が立ったので弟に八つ当たりした。これを_____という。	**置き換え**

Q 欲求・動機	A
36 「おこづかいをもらえるので、家事の手伝いをした」は、_____的動機づけに基づく行動である。	外発
37 「投資に偶然興味を持ったので、勉強した」は、_____的動機づけに基づく行動である。	内発
38 ワイナー（Weiner, B.）による原因帰属の理論で、「課題の難しさが原因」と考えるのは、_____な原因による例である。	安定しかつ外的
39 達成動機の高い人は、高い目標を設定し、困難な課題に果敢に挑戦しようとし、失敗を_____に帰属させる傾向がある。	自己の努力不足
40 試験に失敗したときに、「勉強不足に原因がある」と考えるのは、_____的帰属の例である。	内
41 マズロー（Maslow, A.）の欲求の 5 段階の階層は、_____欲求→_____の欲求→_____の欲求→_____の欲求→_____の欲求である。	生理的／安全・安定／所属と愛情／承認・尊重／自己実現

Q ストレス	A
42 ストレスへの対処方略として、不快な情動のコントロールを目的とするものを、_____型コーピングと呼ぶ。	情動焦点
43 「同時にいくつもの仕事を引き受けて、次々にやってくる締切りに追われる」は、タイプ_____行動パターンである。	A
44 _____は、対人援助職に多く、仕事に対する個人的達成感の低下や人を人と思わなくなる気持ちなどが生じる。	バーンアウト（燃え尽き症候群）
45 ストレスに直面しても健康を損なうことが少ない性格特性を、_____という。	ハーディネス
46 _____とは、外的内的環境の絶え間ない変化に応じて、生体を一定の安定した状態に保つはたらきのことである。	ホメオスタシス
47 汎適応症候群における_____とは、外界からの刺激を長期間受け、抵抗力が高まり、一見すると本来の正常な機能を取り戻して適応しているかのように見える時期のことである。	抵抗期

Q　発達	A
48 ＿＿＿説では、個人の中に潜在している可能性が、出生以後、時間の経過とともに顕現するという考えで、学習を成立させるために必要なレディネスを重視する。	成熟優位
49 エリクソン（Erikson, E. H.）は、老年期の発達課題を＿＿＿の獲得とした。	統合感
50 エリクソンは、青年期の発達課題を＿＿＿の獲得とした。	同一性（アイデンティティ）
51 ピアジェ（Piaget, J.）は、発達段階を感覚運動期→前操作期→＿＿＿期→＿＿＿期とした。	具体的操作／形式的操作
52 ピアジェの認知発達理論では、可逆的な操作は、＿＿＿期に可能となる。	具体的操作
53 フロイト（Freud, S.）は、＿＿＿という性的エネルギーの出現の仕方や充足のありかたによって自我の発達を５つの段階にまとめた。	リビドー
54 最初に凝視したものを親だと思い込み、凝視したものの後追い行動を始めることを＿＿＿という。	刷り込み現象（インプリンティング）
55 ボウルビィ（Bowlby, J.）は、幼児期の養育者（特に母親）との体験がその後の人間性の形成に大きく影響を与えるという＿＿＿理論を唱えた。	アタッチメント（愛着）

Q　心理療法	A
56 来談者（クライエント）中心療法では、セラピストの態度条件として＿＿＿、＿＿＿、＿＿＿が必要である。	共感的理解／無条件の肯定的配慮／自己一致
57 ＿＿＿は、人の感情や思考などは無意識によって規定されていると考え、その無意識を意識化することで悩みから解放しようとする療法である。	精神分析療法
58 ＿＿＿は、過去の出来事を振り返ることを通じて自らの人生を肯定的に再評価できるようになることをねらいとして行われる療法である。	回想法

59 ＿＿＿は、学習理論を基礎とする療法で、恐怖症のような不適応行動を誤って学習された行動と考え、それを修正するための再学習を行う療法である。

行動療法

60 ＿＿＿は、不適切な認知や行動のパターンに焦点をあて、モデリングなどを通じて、問題解決のためのコーピング（対処法）を学ぶ療法である。

認知行動療法

61 ＿＿＿は、社会生活の中で主に対人接触にかかわる状況において必要なスキル（状況に応じた適切なストレス回避や認知、行動様式（コーピング））を、ロールプレイなどの技法を用いて習得を図る。

社会生活技能訓練（SST）

62 ＿＿＿カウンセリングでは、同じ悩みを抱える仲間の中で支援のためのスキルを学んだ人が、当事者に対して問題を自分自身で解決できるよう手助けをする。

ピア

63 ＿＿＿療法では、自由にして保護された空間の中でクライエントが自己を表現していくにつれて、内なる自己治癒力がはたらき始めると考える。

箱庭

64 ＿＿＿療法は、神経症をあるがままに受け入れ、絶対臥褥期、軽作業期、重作業期、社会生活準備期と治療していく。

森田

65 ＿＿＿療法は、身近な人を対象として「してもらったこと」「して返したこと」「迷惑をかけたこと」について内省する。

内観

66 ＿＿＿法では、自己暗示の言葉を繰り返すことで心身がリラックスし、感情の沈静化と自律神経系の安定感が得られる。

自律訓練

67 ＿＿＿法では、クライエントは、個別に作成された不安階層表を基に、リラックスした状態下で不安の誘発度の最も低い刺激から徐々に刺激が増やされ、段階的に不安を克服していく。

系統的脱感作

68 ＿＿＿療法は、家族を１つのシステムとしてとらえ、家族間の関係性の悪循環を変化させる。

家族

Q 心理検査　A

69 田中ビネー知能検査Ｖの対象年齢は、＿＿＿である。

２歳から成人

70 ウェクスラー式知能検査は、成人用は WAIS、児童用は WISC、低年齢児用は______がある。	WPPSI
71 ウェクスラー式知能検査は、全検査 IQ、______指標、知覚推理指標、ワーキングメモリ指標、処理速度指標などが算出できる。	言語理解
72 矢田部ギルフォード（YG）性格検査で、「情緒が安定し、行動が積極的であり、リーダーに向いている人」は、______型である。	D
73 ______は、インクのシミのような図版をみせてそのイメージの表れから人格特性を解釈する。	ロールシャッハ・テスト
74 ______は、提示された絵を見て作った物語の内容から、隠された欲求やコンプレックスの存在を明らかにする。	TAT（主題統覚検査、絵画統覚検査）
75 ______は、被験者が描く「一本の実のなる樹」の絵からパーソナリティの発達的な側面をとらえる。	バウムテスト
76 ______は、一列に並んだ数字を連続加算する作業を繰り返し、その作業曲線から人格を診断する。	内田クレペリン精神作業検査
77 ______では、欲求不満場面での反応を測定する。	PF スタディ

Q 集団	A
78 集団の成員の多くが個人の利益を追求することで、集団全体として大きな不利益の結果が生じることを、______という。	社会的ジレンマ
79 集団の多数派の意見や期待に影響されて、同じ意見や行動をとることを、______という。	同調
80 集団で、それぞれの人の努力が目立たない状況だと、1 人当たりの遂行量や努力が低下する現象を、______という。	社会的手抜き
81 各個人が、自分が属する集団の成員のことを、それ以外の集団の成員よりも好意的に評価することを、______という。	内集団バイアス
82 ______とは、1 人で意思決定を行う時よりも、集団で行う時の方がより安全性の高い無難な意思決定になることをいう。	コーシャス・シフト

83 集団の＿＿＿が高いほど同調行動が発生しやすくなり、異なった意見を提案しづらくなる。	凝集性

Q パーソナリティ	A
84 シュプランガー（Spranger, E.）は、性格を審美型、経済型、宗教型、理論型、＿＿＿型、＿＿＿型の 6 つに分けた。	社会／権力
85 オールポート（Allport, G.）は、パーソナリティの特性を＿＿＿特性と＿＿＿特性の 2 つに分けた。	共通／個人的
86 クレッチマー（Kretschmer, E.）は、体格を＿＿＿型、＿＿＿型、＿＿＿型に分け、体格と気質の関係を示した。	細身／肥満／闘士
87 フロイト（Freud, S.）は、人間の精神機能を、＿＿＿、＿＿＿、＿＿＿の 3 つの機能の相互作用としてとらえた。	エス（イド）／自我／超自我
88 5 因子モデル（ビッグファイブ）では、外向性、神経症傾向、開放性、協調性、＿＿＿の 5 つの特性が示されている。	誠実性
89 アイデンティティ＿＿＿とは、傾倒すべき対象をもたず、自分の生き方が分からない状態をいう。	拡散
90 ユング（Jung, C.）は、＿＿＿型と＿＿＿型の 2 つのパーソナリティの類型を示した。	外向／内向

Q 知能	A
91 ＿＿＿知能は、教育や社会経験の中で育てられる、経験と知識に結びつく能力である。	結晶性（言語性）
92 ＿＿＿知能は、新しいことを学習したり新しい環境に適応する能力で、加齢による影響が顕著にみられる。	流動性（動作性）
93 ＿＿＿思考とは、問題解決の際に、1 つの解答を探索しようとする思考方法である。	収束的

ワンポイントアドバイス

「心理」の単元は過去の出題内容が繰り返される傾向があるので、過去問チェックをしっかり行いましょう。

5 肢選択問題

Q1 道具的（オペラント）条件づけによる行動はどれか。1 つ選べ。

1. 梅干しを見ただけで、唾液が分泌される。
2. 不安や恐怖を軽減するために、系統的脱感作法を行う。
3. 膝蓋腱《しつがいけん》をハンマー等で軽くたたくと、足が上がる。
4. カモやアヒルが、生後最初に目にした動いているものを後追いする。
5. 子どもが、周囲の大人から繰り返しほめられた行動を行うようになる。

A 5

1、2 はレスポンデント条件づけ、3 は生理的反射、4 は刷り込み現象の説明である。

Q2 エピソード記憶の例はどれか。1 つ選べ。

1. 愛知県の県庁所在地は、名古屋市である。
2. 幼少期に習得したピアノの曲を、大人になっても弾くことができる。
3. 昨晩、近くのファストフード店でハンバーグカレーを食べた。
4. 「3-2-5-4-1」という 5 個の数字を聞き、「3-2-5-4-1」と反復する。
5. 「12 × 21」という数字の掛け算を暗算で行う。

A 3

1 は意味記憶、2 は手続き記憶、4、5 は作動記憶の例である。

Q3 錯視の例はどれか。1 つ選べ。

1. 明るい場所から暗い場所に移動すると、目が慣れるのに時間がかかる。
2. 中空にある月より地平線に近い月の方が大きく見える。
3. コップの飲み口を斜め上から見ても丸く見える。
4. 電光掲示板の文字が動いているように見える。
5. 風景を眺めていると奥行きを感じる。

A 2

1 は暗順応、3 は知覚の恒常性、4 は仮現運動、5 は奥行知覚である。

Q4 ピグマリオン効果の特徴はどれか。1 つ選べ。

1. 初対面の人の職業によって、一定のイメージを抱いてしまう。
2. 相手に能力があると期待すると、実際に期待どおりになっていく。
3. 頻繁に接触する人に対して、好意を持ちやすくなる。
4. 外見が良いことによって、能力や性格など他の特性も高評価を下しやすくなる。
5. 集団の多数の人が同じ意見を主張すると、多数派の意見に合わせてしまう。

A 2

1 はステレオタイプ、3 は単純接触効果、4 は光背（ハロー）効果、5 は同調の特徴である。

Q5 内発的動機づけによる行動はどれか。1 つ選べ。

1. 観衆から拍手を受けることが楽しくて、駅前での演奏活動を毎週続けた。
2. おこづかいをもらえることがうれしくて、玄関の掃除を毎日行った。
3. 出席するたびにシールをもらえることが楽しくて、ラジオ体操に毎朝通った。
4. 絵を描くことが楽しくて、時間を忘れて取り組んだ。
5. 成功すれば課長に昇進できると言われ、熱心に仕事に取り組んだ。

A 4

1、2、3、5 は外発的動機づけである。

Q6 マズロー（Maslow, A.）の欲求階層説について正しいものはどれか。1 つ選べ。

1. 承認・尊重欲求は生理的欲求である。
2. 最下層にあるものは自己実現の欲求である。
3. 欲求を 4 段階に分類している。
4. 所属と愛情の欲求は最上層の欲求である。
5. 安全・安定欲求は欠乏欲求である。

A 5

生理的欲求→安全・安定欲求→所属と愛情の欲求→承認・尊重の欲求→自己実現の欲求の 5 段階に分類している。

Q7 問題焦点型コーピングはどれか。1 つ選べ。

1. 介護ストレスを解消してもらおうと、介護者に気晴らしを勧めた。
2. 困難事例に対応できなかったので、専門書を読んで解決方法を勉強した。
3. 仕事がうまくはかどらなかったので、週末は映画を観てリラックスした。
4. 育児に悩む母親が、友人に話を聞いてもらえて気分がすっきりしたと話した。
5. 面接がうまくいかなかったので、職場の同僚に相談し、ねぎらってもらった。

A 2

1、3、4、5 は情動焦点型コーピングである。

Q8 エリクソン（Erikson, E. H.）の発達課題について正しい組み合わせはどれか。1 つ選べ。

1. 乳児期 ・・・・・・ 生殖性の獲得
2. 児童期 ・・・・・・ 信頼感の獲得
3. 青年期 ・・・・・・ 自律感の獲得
4. 成人初期 ・・・・・ 積極性の獲得
5. 老年期 ・・・・・・ 統合性の獲得

A 5

1 は信頼感、2 は勤勉性、3 は同一性、4 は親密性である。

Q9 森田療法の特徴はどれか。1 つ選べ。

1. クライエントの自動思考を修正することを目的としている。
2. 個人の無意識に焦点を当てて介入を行っていく。
3. クライエントの人生を振り返ることでアイデンティティを再確認していく。
4. 不安をあるがままに受け入れられるように支援していく。
5. クライエントが即興的にドラマを演じ、自発性や創造性を高める。

A 4

1 は認知行動療法、2 は精神分析療法、3 は回想法、5 は心理劇の特徴である。

Q10 流動性知能について正しいものはどれか。1 つ選べ。

1. 新しい場面に適応するときに要求される問題解決能力である。
2. 学校教育などの環境条件の影響を受けやすい。
3. 生活習慣や訓練によって維持することが可能である。
4. 60 歳代が最も高く、80 歳代以降に低下する。
5. 過去の人生経験の蓄積によって形成される。

A 1

知能は流動性知能と結晶性知能があり、2 ～ 5 は結晶性知能の説明である。

過去問にチャレンジ！

Q

第36回問題8　知覚に関する次の記述のうち、大きさの恒常性の事例として、最も適切なものを 1 つ選びなさい。 B

1. 形と大きさが同じ図形は、空間内でまとまっているように知覚される。

2. 電光掲示板で表示されている絵や文字が動いて、大きさが変化して見える。

3. 同じ人物が遠くにいる場合と近くにいる場合とでは、距離の違いほどに人の大きさが違って見えない。

4. 線遠近法を使った絵画では、奥行きを感じることで書かれている物の大きさの違いが知覚される。

5. 月を見ると、建物の上など低い位置にあるときは、天空高くにあるときよりも大きく見える。

A　3

1　×　「知覚の体制化」の事例である。

2　×　「仮現運動」の事例である。

3　○

4　×　「奥行き知覚」の事例である。

5　×　「錯視」の事例である。

Q **第36回問題14　クライエント中心療法に関する次の記述のうち、最も適切なものを1つ選びなさい。** B

1. クライエントの話を非指示的に傾聴していく。
2. 解決に焦点をあわせ、クライエントの強みを発展させる。
3. クライエントの家族関係を変容しようとする。
4. クライエントの意識を無意識化していく。
5. クライエントの認知や行動に焦点を当てていく。

A　1

1　○

2　×　「ブリーフ・セラピー」「解決志向アプローチ」の説明である。

3　×　「家族療法」の説明である。

4　×　「精神分析療法」の説明である。

5　×　「認知行動療法」の説明である。

第4章

社会福祉士の仕事を理解する科目

24 ソーシャルワーク

A
★★★

出題傾向

	項　目	主に出題される科目	第37回試験予想出題数	出題内容
62	**ソーシャルワークの定義**	⑩ソーシャルワークの基盤と専門職 ⑪ソーシャルワークの理論と方法 ⑰ソーシャルワークの基盤と専門職（専門） ⑱ソーシャルワークの理論と方法（専門）	**2**	○社会福祉士及び介護福祉士法 ○精神保健福祉士法 ○ソーシャルワークの定義
63	**ソーシャルワークの理論**		**5**	○ソーシャルワークの理念 ○ソーシャルワークの形成過程 ○ミクロ・メゾ・マクロレベル ○面接技術
64	**ソーシャルワークの実践モデルとアプローチ**		**1**	○ソーシャルワークの様々な実践モデルとアプローチ
65	**ソーシャルワークの過程**		**10**	○ソーシャルワークの過程
66	**ケアマネジメント**		**1**	○ケアマネジメントの原則 ○ケアマネジメントの意義と方法
67	**グループワークとコミュニティワーク**		**2**	○集団を活用した支援 ○コミュニティワーク
68	**スーパービジョン／記録**		**2**	○スーパービジョンとコンサルテーション ○ソーシャルワークの記録

ソーシャルワークに関して全般的に出題されています。出題数が多く、合否を分ける単元だといわれています。８割以上の得点を目指して準備しましょう。

『国試ナビ 2025』
P.334 ～ P.361 参照

穴埋め問題

Q 社会福祉士及び介護福祉士法	A
❶ 個人の尊厳を保持し、自立した日常生活を営むことができるよう、常にその者の立場に立って、______にその業務を行わなければならない。	誠実
❷ 社会福祉士は、社会福祉士の______を傷つけるような行為をしてはならない。	信用
❸ 正当な理由がなく、その業務に関して知り得た人の______。	秘密を漏らしてはならない
❹ 業務を行うに当たり、福祉サービス関係者等との______を保たなければならない。	連携
❺ ______の責務として、業務内容の変化に適応するため、知識及び技能の向上に努めなければならない。	資質向上
❻ 社会福祉士は名称独占の資格で、名称使用は、______後でなければならない。	登録

Q 認定社会福祉士	A
❼ 認定社会福祉士は、「高齢」「障害」「児童・家庭」「医療」「______」の分野ごとに認定される。	地域社会・多文化
❽ 認定社会福祉士は、相談援助実務経験が社会福祉士を取得してから______年以上で、一定の研修を受講すると取得できる。	5

Q 精神保健福祉士	A
❾ 2024（令和 6）年度より、精神保健福祉士の定義に、「精神障害者及び精神保健に関する課題を抱える者の______に関する相談」が追加された。	精神保健
❿ 精神保健福祉士は、その業務を行うに当たって精神障害者に主治の医師があるときは、その______を受けなければならない。	指導

Q ソーシャルワーク専門職のグローバル定義	A
⑪ ソーシャルワークは、社会変革と社会開発、社会的結束、および人々の_____を促進する、実践に基づいた専門職であり学問である。	エンパワメントと解放
⑫ 社会正義、人権、集団的責任、および_____の諸原理は、ソーシャルワークの中核をなす。	多様性尊重
⑬ ソーシャルワークの理論、社会科学、人文学、および_____を基盤としている。	地域・民族固有の知
⑭ ソーシャルワークは、できる限り、「人々のために」ではなく、_____働くという考え方をとる。	「人々とともに」
⑮ ソーシャルワーク専門職は、社会変革を任務とするとともに_____にも等しく関与する。	社会的安定の維持
⑯ ソーシャルワークは、_____をまたぎ、その境界を超えていくものであり、広範な科学的諸理論および研究を利用する。	複数の学問分野
⑰ この定義は、各国および世界の各地域で_____。	展開してもよい

Q ソーシャルワーカーの活動領域	A
⑱ _____は、指定特定相談支援事業所などに配置され、サービス利用計画の作成、関係機関との連絡調整などを行う。	相談支援専門員
⑲ _____は、居宅介護支援事業所などに配置され、ケアプランの作成、関係機関との連絡調整などを行う。	介護支援専門員
⑳ _____は、教育分野に関する知識に加えて、社会福祉等の専門的な知識・技術を用いて、児童生徒の置かれたさまざまな環境に働きかけて、支援を行う。	スクールソーシャルワーカー
㉑ _____は、矯正施設（刑務所など）に収容された高齢者、障害を有する受刑者等の出所又は出院後の円滑な社会復帰のために必要な各種調整等を担う。	福祉専門官

Q 社会福祉士の倫理綱領	A
㉒ 社会福祉士は、個人、家族、集団、地域社会に存在する_____を認識し、それらを尊重する社会の実現をめざす。	多様性

㉓ 社会福祉士は、すべての人々を生物的、心理的、社会的、文化的、スピリチュアルな側面からなる_____として認識する。	全人的な存在
㉔ 社会福祉士は、人権と社会正義に関する課題を解決するため、全世界のソーシャルワーカーと連帯し、_____に働きかける。	グローバル社会

Q ソーシャルワークの歴史	A
㉕ _____制度では、全市を細分化し、名誉職である救済委員を配置し、家庭訪問や調査、相談を通して貧民を減少させることを目指した。	エルバーフェルト
㉖ _____は、友愛訪問員の広い知識と社会的訓練によって友愛訪問活動の科学化を追求した。	慈善組織協会(COS)
㉗ 1889年、_____がシカゴにハルハウスを開設した。	アダムス(Addams, J.)
㉘ 全米慈善矯正会議(1897年)において、_____は応用博愛学校の必要性を提唱し、慈善活動の効果的な実践のための夏季養成講座が開催された。	リッチモンド(Richmond, M.)
㉙ 1898年、_____で6週間に及ぶ博愛事業に関する講習会が初めて開催され、専門教育へと発展していった。	ニューヨーク
㉚ 1915年、全米慈善矯正会議において、フレックスナー(Flexner, A.)はソーシャルワーカーは_____と結論づけた。	専門職でない
㉛ 1929年、ミルフォード会議報告書において_____の重要性の認識のもとに、その特性が提示された。	ジェネリック・ソーシャル・ケースワーク
㉜ 1957年、グリーンウッド(Greenwood, E.)は、ソーシャルワークは_____と結論づけた。	すでに専門職である
㉝ 1970年代以降、ケースワーク、グループワーク、コミュニティワークの_____が具体化するようになった。	統合

Q ソーシャルワークの基盤となる考え方	A
㉞ クライエントが自らの力を回復し、自ら問題状況を解決していけるようにするという考え方を_____という。	エンパワメント

35 クライエントの権利擁護のため、援助過程において積極的に代弁活動を展開することを＿＿＿という。	アドボカシー
36 ＿＿＿アドボカシーとは、クライエントが自らの権利を主張していく活動である。	セルフ
37 ＿＿＿は、共生社会、排除しない社会を目指す考え方である。	社会的包摂（ソーシャル・インクルージョン）
38 ＿＿＿は、障害を特別視するのではなく、一般社会のなかで普通の生活が送れるような社会を目指す考え方である。	ノーマライゼーション
39 ノーマライゼーションは、デンマークの＿＿＿による＿＿＿障害者の親の会の活動を通して生み出された。	バンク-ミケルセン(Bank-Mikkelsen, N.)／知的
40 ＿＿＿は、ライフサイクルにおけるノーマルな発達経験など８つの原理を唱えた。	ニィリエ(Nirje, B.)
41 ＿＿＿は、近江学園の創設者で、「この子らを世の光に」という言葉を通して、人間尊重の福祉の取組を展開した。	糸賀一雄

Q　ソーシャルワークの実践領域	A
42 学校、教会、自治体・地域社会など個人の毎日の生活に影響を与えるレベルは、＿＿＿レベルである。	メゾ
43 社会、国家など社会全体の福利増進を目指すレベルは、＿＿＿レベルである。	マクロ

Q　ソーシャルワーク実践における４つのサブシステム	A
44 ＿＿＿・システムは、変革努力の目標達成のためにソーシャルワーカーが影響を及ぼす必要のある人々を指す。	ターゲット
45 ＿＿＿・システムは、ソーシャルワーカーと所属する機関を指す。	チェンジ・エージェント

Q 社会資源の活用・調整・開発	A
46 家族、友人、近隣住民から提供されるサービスは、_____サービスに含まれる。	インフォーマル
47 _____は、社会福祉の制度、サービスの創設・改善・維持を目指して議会や民間企業などに対して行われる社会的行動のことをいう。	ソーシャルアクション

Q 人と環境の交互作用	A
48 _____は、地域社会がもっている自発性に着目して、地域課題を解決する手法を地域自らが開発する過程を支援するプロセスモデルである。	コミュニティ・オーガニゼーション
49 _____は、地域社会を構成するグループ間の協力と協働の関係を調整・促進することで地域社会の問題を解決していく過程である。	インターグループワーク
50 家族システム論は、家族内で生じる問題は、原因と結果が_____しているととらえる。	円環的に循環

Q カンファレンス、事例分析など	A
51 _____は、事例検討会議のことで、司会（コーディネーター）、事例報告者、助言者（スーパーバイザー）、その他の参会者によって進められる。	カンファレンス
52 自由な雰囲気で、相互に批判をしないというルールの下で多様な意見を出し合い、最終的に一定の課題によりよい解決を得ようとする方法を_____という。	ブレインストーミング
53 _____では、パネラーが、司会者（ファシリテーター）の進行により、異なる意見を表明しながら討論を進める。	パネルディスカッション

Q アウトリーチ、説明責任など	A
54 _____は、相談援助機関に持ち込まれる相談を待つのではなく、地域社会に出向き、相談援助を展開していくことである。	アウトリーチ
55 正しい情報を伝えたうえで合意を得ることを_____という。	インフォームドコンセント

56 ______は説明責任のことで、情報の開示や説明を関係者や社会に対して行う。	アカウンタビリティ
57 ______は、科学的に検証された研究成果に基づいて支援を実践することをいう。	根拠に基づく実践(EBP)

Q ソーシャルワークに関連する方法	A
58 ______とは、ある目的の達成のために、その目的に適合しそうな社会資源を調整することである。	コーディネーション
59 ______とは、交渉や折衝を意味し、当事者同士が何らかの合意・調整を達成する目的で、お互い情報を提供しながら議論を行うことである。	ネゴシエーション
60 ______とは、会議やミーティングなどにおいて、議論をスムーズに調整しながら合意形成や相互理解に向けて調整することである。	ファシリテーション
61 ______とは、会議などの席で、商品やサービスを紹介、披露したり、計画、企画案、見積もりなどを発表、提示することである。	プレゼンテーション
62 ______とは、「意見の衝突」や「対立」を意味する言葉で、二者以上の者が相容れない目標（ゴール）を目指して競合している状態である。	コンフリクト

Q 面接技術	A
63 ______は、クライエントの感情を受容し、その感情を言語化し、クライエントに伝える。	感情の反映（反射）
64 ______は、自分の思いを明確に言語化できないクライエントに、クライエントの思いや感情を先取りして言葉にして伝える。	明確化
65 ______とは、クライエントが語った内容をまとめて反射することである。	要約
66 ______とは、クライエントが、「はい」や「いいえ」など一言で答えが言える質問方法である。	閉じられた質問

Q	A
67 言い換え、励まし、感情の反映などは、マイクロ技法の______技法に分類される。	基本的かかわり
68 ______によって、問題が解決した後の生活の様子や気持ちについて、クライエントの想像を促す。	ミラクル・クエスチョン
69 アイメッセージによって、クライエントに対して______的な情報を伝える。	主観
70 ______とは、複雑に絡み合う多くの現実の要素をクライエントと一緒に点検して整理することである。	焦点化

Q ソーシャルワークの実践モデル	A
71 ______モデルは、クライエントを対象としてとらえ、クライエントが抱える問題や課題、病気や障害に焦点を当てるモデルである。	治療
72 ______モデルは、人と環境の交互作用に焦点を当て、環境との関係性を重視するモデルである。	生活
73 ______モデルは、クライエントの強さや能力に焦点を当てようとするモデルである。	ストレングス

Q 主なソーシャルワークのアプローチ	A
74 ______アプローチは、「状況の中の人」という視点を中心に、特に心理社会的状況下にある人間の行動や成長に着目して支援する。	心理社会的
75 「うんうん、なるほど。そうだったのですね」とうなずきながら話を聞くのは、心理社会的アプローチの介入技法の______である。	持続的支持
76 ______アプローチは、クライエントのニーズを機関の機能との関係で明確化し、援助過程の中でクライエントの社会的機能の向上を目指す。	機能的
77 ______アプローチは、クライエントが社会的役割を遂行するうえで生じる葛藤の問題を重視し、その役割遂行上の問題解決に取り組む利用者の力（ワーカビリティ）を重視する。	問題解決
78 ______アプローチは、リード（Reid, W.）とエプスタイン（Epstein, L.）によって開発され、短期の計画的援助を重視する。	課題中心

Q	A
79 ＿＿＿アプローチは、危機状況に直面したクライエントや家族への迅速な対応を行う。	**危機介入**
80 ＿＿＿アプローチにおいては、クライエントが、自分の置かれている抑圧状況を認識し、潜在能力に気づき、対処能力を高めることに焦点を当てる。	**エンパワメント**
81 ＿＿＿アプローチは、クライエントの現実として存在し、支配している物語（ストーリー）を重視して、新たな意味の世界を創り出すことを援助する。	**ナラティブ**
82 ＿＿＿アプローチは、解決のための資源はクライエント自らがもっているととらえ、解決イメージを面接過程のなかでつくり上げていく。	**解決志向**
83 解決志向アプローチでは、ミラクル・クエスチョン、スケーリング・クエスチョン、＿＿＿・クエスチョンなど特徴的な質問法を用いる。	**コーピング**
84 ＿＿＿アプローチは、インフォーマル及びフォーマルな社会資源を有機的につなぎ、ネットワークを形成する。	**ソーシャルサポート・ネットワーク**
85 ＿＿＿アプローチは、実存主義思想による概念を用いて、クライエントが自らの存在意味を把握し、自己を安定させることで、疎外からの解放を目指す。	**実存主義**
86 ＿＿＿アプローチは、学習理論を導入したもので、クライエントの条件反応の消去や強化により、特定の問題行動の変容を図る。	**行動変容**
87 ＿＿＿アプローチは、女性にとっての差別や抑圧などの社会的な現実を顕在化させ、個人のエンパワメントと社会的抑圧の根絶を目指す。	**フェミニスト**

Q 相談援助の展開過程	A
88 ＿＿＿段階では、クライエントの主訴を把握し、ソーシャルワーカーが所属する機関の提供するサービスについて説明する。	**インテーク**
89 ＿＿＿は、心身機能の状態、生活状況などについて、規定の書式を用いて情報を収集し、相談機関が対応可能かどうかを判断することである。	**スクリーニング**

90 ______段階は、援助についての具体的な目標と方向性を定める。	プランニング
91 ______とは、援助計画に沿って支援を実施していく段階である。	インターベンション
92 ______とは、相談援助が終結したクライエントの状況を確認し、必要に応じて援助を展開する段階である。	フォローアップ

Q　バイステックの7原則	A
93 ______とは、援助者がクライエントをありのままに認め、信頼し、その感情を尊重することである。	受容
94 ______は、クライエントが自由に感情を表出できるように援助者が意図的にかかわることである。	意図的な感情表出
95 ______は、援助者が自らの感情を自覚、吟味して、クライエントの感情に対して適切に反応することである。	統制された情緒的関与
96 ______は、クライエントを一方的に非難したり、判断しないことである。	非審判的態度

Q　援助関係の形成	A
97 ブトゥリム（Butrym, Z.）のソーシャルワークの3つの価値前提は、「人間尊重」「人間の社会性」「______」である。	人間の変化の可能性
98 ブトゥリムのソーシャルワークの3つの価値前提の1つである「______」は、人間は、それぞれにその独自性の貫徹のために他者に依存する存在であることを示す。	人間の社会性
99 ______とは、クライエントがかつて誰かに抱いていた感情を援助者に向けることである。	感情転移
100 ______とは、ソーシャルワーカーが、クライエントの意思に関わりなく、本人の利益のために、本人に代わって判断することをいう。	パターナリズム

Q　ケアマネジメント	A
101 ______は、支援が望まれると判断された人々を、地域の関係機関等が支援提供機関などに連絡し、紹介することである。	リファーラル

102 ______とは、クライエントの置かれている状況を把握するために、クライエントの情報を収集し、どのような生活ニーズが生じているかを明らかにすることである。	アセスメント
103 ______は、計画どおりに援助が展開されているか否か、計画された援助が効果を上げているか否かなど、援助の過程を観察する段階である。	モニタリング
104 サービス等利用計画のモニタリングは、______ごとにクライエント宅を訪問し面接して行う。	市町村が定めたモニタリング期間（毎月、3か月、6か月ごと等）
105 ______な社会資源は、クライエントとの私的な人間関係を通して、援助が提供される。	インフォーマル
106 ______は、重度の精神障害のある人に対して複数の職種がチームを組み、24時間体制で365日、医療・福祉サービスを提供し支援するプログラムである。	ACT（包括型地域生活支援）
107 クライエントのケアプランを作成し、サービス提供者へ送致するまでの中核的な機能に焦点化したものを______モデルという。	最小限

Q　グループワーク	A
108 グループワークの展開過程は、準備期⇒開始期⇒______⇒終結期と進めていく。	作業期
109 ______とは、援助者がメンバーの生活状況・感情・ニーズなどをあらかじめ理解することをいう。	波長合わせ
110 ______期には、援助関係の形成がなされる。	開始
111 作業期において、______ができた場合には、グループ運営に良い影響を与えるかどうかを見極めて対応する。	サブグループ
112 プログラムは、援助目標達成のための______であり、目的ではない。	手段
113 ______のメンバーは、特定の体験を共有し、蓄積し吟味することによって生み出される体験的知識を活用し、問題に対処する。	セルフヘルプグループ

114 _____は、グループワークの 14 の原則を示し、治療教育的グループワークの発展に貢献した。	コノプカ (Konopka, G.)

Q コミュニティワーク	A
115 コミュニティソーシャルワークの展開過程は、_____⇒地域アセスメント⇒プランニング⇒実施⇒評価と進めていく。	地域ニーズの把握
116 認知症カフェが、事前に計画された内容どおりに実施されたかを検証するため、_____評価を実施する。	プロセス

Q 福祉計画の過程	A
117 福祉計画の策定手順は、_____計画⇒課題計画⇒実施計画⇒評価計画とすすめていく。	構想
118 _____法は、知恵や情報を出し合い、自由に意見を述べて、新しいアイデアや創造性を開発する技法である。	ブレインストーミング
119 _____法は、アンケート収れん法ともいい、さまざまな意見を集約し、一定の合意を得る技法である。	デルファイ

Q スーパービジョンとコンサルテーション	A
120 スーパービジョンは、_____が_____の能力を最大限に生かしてより良い実践ができるように援助する過程である。	スーパーバイザー／スーパーバイジー
121 スーパービジョンには、_____的機能、_____的機能、_____的機能がある。	管理／教育／支持
122 ソーシャルワークの実践に必要な知識、技術、価値を習得させることは、_____的機能である。	教育
123 共感的な理解や受容を通して、スーパーバイジーを精神的に支える機能は、_____的機能である。	支持
124 個々のソーシャルワーカーの力量や状況に見合った業務の割当てを行い、適正な業務となるよう調整することは_____的機能である。	管理
125 _____とは、スーパーバイザーがスーパーバイジーの実践場面に同席するなどしてスーパービジョンを行うことをいう。	ライブ・スーパービジョン

126	______とは、同僚や仲間同士などで行うスーパーバイザーが同席しないスーパービジョンをいう。	**ピア・スーパービジョン**
127	______とは、スーパーバイジーであるソーシャルワーカーとクライエントとの関係とよく似た状況が、スーパーバイザーとスーパーバイジーとの関係において起こることをいう。	**パラレルプロセス**
128	______は、他の領域の専門家から、問題の解決の援助や助言を受けることをいう。	**コンサルテーション**

Q	記録	A
129	______体は、援助者とクライエントとの支援過程を「圧縮」して比較的短く記述する。	**圧縮叙述**
130	______体は、援助者とクライエントの支援過程のありのままを記述する。	**逐語**
131	______体は、援助者の主観的な考えや解釈を記述する。	**説明**
132	______記録では、問題ごとにS（主観的情報）、O（客観的情報）、A（アセスメント）、P（計画）の項目に沿って記述する。	**問題志向型**
133	SOAP方式で記録する場合、______はソーシャルワーカーが行う今後の援助計画のことである。	**P**
134	______とは、グループメンバー間の選択・拒否関係を図式化して、小集団における人間関係の構造を明らかにするためのものである。	**ソシオグラム**
135	______は、クライエントと社会資源の関係を明らかにするためのものである。	**エコマップ**
136	______は、3世代以上の家族の関係性を明らかにするものである。	**ジェノグラム**
137	______は、クライエントが訴える社会生活機能の問題を記述し、分類し、コード化する。	**PIE（Person-in-Environment）**

ワンポイントアドバイス

「ソーシャルワーク」の単元の得点率が合否を左右するといわれています。改正などが少ない単元ですので過去問研究が重要です。

5肢選択問題

Q1 2007（平成 19）年の改正で社会福祉士及び介護福祉士法に新たに追加された規定はどれか。2 つ選べ。

1. 秘密保持義務
2. 信用失墜行為の禁止
3. 誠実義務
4. 資質向上の責務
5. 名称使用の制限

A 3、4

2007（平成 19）年の改正で誠実義務と資質向上の責務の 2 つが追加された。

Q2 ソーシャルワークのグローバル定義におけるソーシャルワーク専門職の中核となる任務はどれか。1 つ選べ。

1. 人々のエバリュエーション
2. 技術開発の促進
3. 自民族中心主義の促進
4. 自己変革の促進
5. 人々のエンパワメントと解放

A 5

1 は人々のエンパワメントと解放、2 は社会開発の促進、3 は地域民族固有の知を基盤、4 は社会変革の促進である。

Q3 ノーマライゼーションの原理を 8 つに分けて整理した人物はだれか。1 つ選べ。

1. ソロモン（Solomon, B.）
2. バンク - ミケルセン（Bank-Mikkelsen, N.）
3. ヴォルフェンスベルガー（Wolfensberger, W.）
4. サリービー（Saleebey, D.）
5. ニィリエ（Nirje, B.）

A 5

2 はノーマライゼーションを初めて主張、3 はソーシャル・ロール・バロリゼーションを主張した。

Q4 セルフアドボカシーについて正しいものはどれか。1 つ選べ。

1. クライエントと同じ状況に置かれている人たちの権利を守るために、新たな制度を開発すること
2. クライエントの権利を守るために、法的な手段を用いること
3. クライエントが自らの権利を主張していくこと
4. 同じ課題を抱えるクライエントの代弁や制度の改善・開発を目指すこと
5. 一人のクライエントの安定した生活を復権させること

A 3

1、4 はクラス（コーズ）アドボカシー、2 はリーガルアドボカシー、5 はケースアドボカシーである。

Q5 チェンジ・エージェント・システムはどれか。1 つ選べ。

1. ソーシャルワーカーが所属する機関
2. クライエントの問題解決に取り組む参加者や社会資源
3. ターゲットとなるクライエントの友人、知人、隣人
4. ソーシャルワーカーによって利益を受ける人々
5. アクションを起こすグループ、専門職団体や地域社会

A 1

2、5 はアクション・システム、3 はターゲット・システム、4 はクライエント・システムである。

Q6 ソーシャルワークの実践モデルで、「学校や職場」に介入することはどのレベルか。1 つ選べ。

1. ミクロレベル
2. メゾレベル
3. サブレベル
4. マクロレベル
5. エクソレベル

A 2

メゾレベルは、グループや学校、職場、近隣など有意義な対人関係があるレベルのことである。

Q7 面接技法の「要約」はどれか。1 つ選べ。

1. クライエントを精神的に支えるための応答をする。
2. クライエントが語った感情をそのまま返していく。
3. クライエントの語りをソーシャルワーカーが明確にして返す。
4. クライエントの感情を感じながら積極的に耳を傾ける。
5. クライエントが語った内容をまとめて反射する。

A 5

1 は支持、2 は感情の反映（反射）、3 は明確化、4 は傾聴である。

Q8 クライエントの強さや能力に焦点を当てようとするモデルはどれか。1 つ選べ。

1. 治療モデル
2. 生活モデル
3. 一般システム理論
4. エコシステムモデル
5. ストレングスモデル

A 5

ストレングスモデルはクライエントを主体として強調し、強さを見出し、それを意味づけしていくことを重視する。

Q9 クライエントが抱く解決のイメージを尊重し、その実現に向けてクライエントの社会的機能を高めることを目指すアプローチはどれか。1つ選べ。

1. 解決志向アプローチ
2. 行動変容アプローチ
3. エンパワメントアプローチ
4. フェミニストアプローチ
5. 課題中心アプローチ

A 1

解決志向アプローチではミラクル・クエスチョン、スケーリング・クエスチョン、コーピング・クエスチョンなど特徴的な質問法を用いる。

Q10 インテーク面接について正しいものはどれか。1つ選べ。

1. クライエントの課題と分析を基に援助計画の作成を行う。
2. クライエントが解決したいと望んでいる課題について確認する。
3. クライエントの課題解決に有効な社会資源を開発する。
4. クライエントへの援助が計画どおりに行われているか確認する。
5. クライエントと共に課題解決のプロセスと結果について確認する。

A 2

1はプランニング、3はインターベンション、4、5はモニタリングである。

Q11 バイステック（Biestek, F.）の7原則の「意図的な感情表出」はどれか。1つ選べ。

1. クライエントのありのままの感情を大切にし、その表出を促す。
2. 自らの情緒的混乱をコントロールして意図的にかかわる。
3. クライエントに道徳的批判などを加えずに、あるがままを受け入れる。
4. クライエントと比較しながら、クライエントの置かれている状況を理解する。
5. クライエントを一方的に非難したり、判断しない。

A 1

2は統制された情緒的関与、3は受容、5は非審判的態度である。

Q12 ケアマネジメントの過程で、サービス提供後に、利用者のニーズが充足されているかを定期的に確認することを何というか。1 つ選べ。

A 3

1. コーディネーション
2. スクリーニング
3. モニタリング
4. アウトリーチ
5. コンサルテーション

定期的な経過観察・評価をモニタリングという。

Q13 グループワークの展開過程について正しいものはどれか。1 つ選べ。

A 2

1. 準備期には、契約の締結がなされる。
2. 開始期には、援助関係の形成がなされる。
3. 作業期には、波長合わせがなされる。
4. 終結期には、集団規範の形成がなされる。
5. 移行期には、個人的事情や思いの分かち合いがなされる。

1 は開始期、3 は準備期、4 は作業期、5 は終結期の前段階である。

Q14 スーパービジョンについて正しいものはどれか。1 つ選べ。

A 4

1. 他領域の専門家から助言や示唆を受けることをいう。
2. 事例研究のために開発された方法である。
3. スーパーバイザーの経験を伝えることで成立する。
4. 教育的機能、管理的機能、支持的機能がある。
5. 個人へのスーパービジョンはカウンセリングと呼ばれている。

スーパービジョンは、スーパーバイジーがスーパーバイザーから教育を受ける過程である。

Q15 ソーシャルワークの記録の「逐語体」について正しいものはどれか。1 つ選べ。

A 5

1. クライエントの基本的属性に関する事項を整理して記述する。
2. 経過記録などに用いられ、ソーシャルワーク過程の事実経過を簡潔に記述する。
3. 出来事の主題に関連して重要度の高いものを整理し、要点をまとめて記述する。
4. 出来事に対するソーシャルワーカーの解釈や見解を記述する。
5. ソーシャルワーカーとクライエントの会話における発言をありのままに再現して記述する。

1 は過程叙述体、2 は圧縮叙述体、3 は要約体、4 は説明体である。

過去問にチャレンジ！

Q

第36回問題115　事例を読んで、Aスクールソーシャルワーカー（社会福祉士）の解決志向アプローチに基づく問いかけとして、適切なものを 2つ選びなさい。 B

事例

Bさん（高校1年生）は、父親、弟（小学4年生）、妹（小学1年生）の4人家族である。父親は長距離トラックの運転手で、Bさんは長女として家事と弟妹の世話を引き受けている。ある日、Aスクールソーシャルワーカーに、「家族のためにやれることをやるのは当然だし、喜んでもらえるのもうれしい。でも毎日勉強とバイトと家事で精一杯。これ以上はもう無理かも…」とつぶやいた。Aはこれまでの Bさんの頑張りをねぎらいながら、以下の問いかけをした。

1. 「もし奇跡が起こって何もかもうまくいくとしたら、どうなると思いますか？」

2. 「最悪な状況を 0、何もかも解決したのが 10 なら、今は何点になりますか？」

3. 「Bさんが『もう無理かも』と思ったのは、どのようなときですか？」

4. 「Bさんが想像する、最悪の事態はどのようなものでしょうか？」

5. 「今、Bさんが抱える状況の根本の原因は何だと思いますか？」

A　1、2

1　○　ミラクル・クエスチョンである。

2　○　スケーリング・クエスチョンである。

3　×　解決志向アプローチでは、解決のイメージを重視するので不適切である。

4　×　解決志向アプローチでは、解決のイメージを重視するので不適切である。

5　×　解決志向アプローチでは、問題や原因ではなくリソースに焦点を当てるので不適切である。

Q

第36回問題107　次の記述のうち、ケアマネジメントの一連の過程における再アセスメントに関するものとして、最も適切なものを 1 つ選びなさい。 B

1. サービスを新たに開始するために、クライエントの望む生活に向けた目標を設定し、その実現に向けて支援内容を決定した。

2. クライエントの生活状況の変化によるサービス内容の見直しのために、新たに情報収集し、課題の分析を行った。

3. クライエントの課題が解決したため、ケアマネジメントを終了することを確認した。

4. クライエントになる可能性のある人の自宅やその地域を訪問し、ニーズを把握した。

5. サービスの終結をした者から、新たにサービス利用の申し出があったため、情報の収集を行った。

A　2

1　×　「プランニング」の段階である。

2　○

3　×　「終結」の段階である。

4　×　「アセスメント」の段階である。

5　×　「アセスメント」の段階である。

Q **第36回問題111**　**記録の方式の一つに SOAP 方式がある。その内容に関して、最も適切なものを 1 つ選びなさい。** B

1. S は、客観的情報であり、利用者の行動を観察した内容を記述する。

2. O は、主観的情報であり、利用者の語った内容を記述する。

3. A は、支援計画であり、他機関や他専門職からの情報を記述する。

4. P は、プロセスであり、利用者の言葉や他機関からの情報に関する判断を記述する。

5. SOAP 記録は、問題と援助者の思考が明確になる問題志向型記録の一つである。

ワンポイントアドバイス

ソーシャルワークの単元を得意分野にして、確実に得点できるように準備しましょう。

A　5

1　×　S は主観的情報である。

2　×　O は客観的情報である。

3　×　A はアセスメントである。

4　×　P は支援計画である。

5　○

25 社会調査

A
★★★

出題傾向

	項　目	主に出題される科目	第37回試験予想出題数	出題内容
69	**社会調査の概要**	⑫社会福祉調査の基礎	**3**	○社会調査の意義と目的 ○社会調査と社会福祉の歴史的関係 ○統計法
70	**量的調査**	⑫社会福祉調査の基礎	**2**	○量的調査の概要 ○質問紙の作成方法と留意点 ○量的調査の集計と分析
71	**質的調査**	⑫社会福祉調査の基礎	**1**	○観察法 ○面接法 ○質的調査のデータの分析方法 ○ソーシャルワークにおける評価

社会調査は、第37回試験より共通科目で出題されます。社会調査の概要、量的調査や質的調査、データ分析など統計学の基本的事項が出題されます。難易度の高い問題も出題されることがありますが、繰り返し出題される頻出事項をしっかり得点できるように準備しましょう。

『国試ナビ 2025』
P.362 ～ P.371 参照

穴埋め問題

Q 社会調査	A
❶ _____とは、貧困や犯罪、スラムなど、社会的な問題を解決するために行われる調査である。	社会踏査
❷ _____とは、国勢調査など公的機関などにより行われる大規模な調査のことである。	センサス
❸ _____法は、一般的な考え方やルールなどの前提から個別的な結論を得るという論理的思考法である。	演繹
❹ _____法は、個別的な事実から一般的な結論を導く論理的思考法である。	帰納

Q 社会福祉調査と社会福祉の歴史的関係	A
❺ _____は、イギリスのロンドンで貧困調査を実施し、ロンドン市民の約 3 割が貧困線以下の生活を送っていることを明らかにした。	ブース（Booth, C.）
❻ _____は、イギリスのヨーク市で貧困調査を実施し、第一次貧困は雇用問題、第二次貧困は飲酒問題が原因であることを示した。	ラウントリー（Rowntree, B. S.）
❼ _____は、相対的剥奪の概念を精緻化することで相対的貧困を述べた。	タウンゼント（Townsend, P.）

Q 統計法	A
❽ 国の行政機関が行う統計調査は、基幹統計調査と一般統計調査があり、基幹統計は_____大臣が指定する。	総務
❾ 国勢調査は、_____年（簡易調査は 5 年）ごとに行う全数調査で、インターネットでも回答することができる。	10
❿ 国勢調査は、日本に常住する外国人を対象と_____。	する
⓫ 国民生活基礎調査は、_____年ごとに大規模な調査を行い、中間の各年に簡易な調査が行われる。	3

⑫ 匿名データは、＿＿＿などのために限り提供することができる。	学術研究目的

Q 全数調査と標本調査	A
⑬ 調査対象の一部を調べ、母集団の特性を推測する方法を、＿＿＿調査という。	標本（一部）
⑭ 無作為に標本を抽出する方法を、＿＿＿抽出法という。	無作為
⑮ 一定の間隔で標本を抽出する＿＿＿法は、抽出台帳に何らかの規則性がある場合、標本に偏りが生じる危険がある。	系統抽出
⑯ 標本調査による推計結果値が真の値からどのくらい離れているかの幅を示す数値を＿＿＿という。	標本誤差
⑰ ＿＿＿は、回答者の誤答や記入漏れ、調査者の入力や集計のミスなどで生じる。	非標本誤差
⑱ ＿＿＿法は、調査員の対人ルートや関係者の縁故関係などから標本を選ぶ方法のこと。	機縁
⑲ ＿＿＿は、非確率抽出法の１つで、調査回答者から知人を紹介してもらい、雪だるま式にサンプル数を増やしていく方法である。	スノーボール・サンプリング

Q 自計式調査と他計式調査	A
⑳ 調査対象者が調査票に記入する調査を、＿＿＿式調査という。	自計
㉑ 面接員が調査票に記入する調査を、＿＿＿式調査という。	他計
㉒ 訪問面接法、留置法、郵送法、電話法のうち、他計式は＿＿＿と＿＿＿である。	訪問面接法／電話法

Q 質問文の作成	A
㉓ ＿＿＿は、回答者の年齢、学歴、家族構成などの属性を回答する欄である。	フェイスシート
㉔ 作成した質問紙の構成や内容が適切かを検討するため、＿＿＿を実施することが望ましい。	プリテスト

25	質問文の中で専門用語を用いる場合、まず、その用語の認識について確認する_____質問を行うことが望ましい。	濾過《ろか》
26	前の質問が後の質問の回答へ影響を与えることを、_____効果という。	キャリーオーバー
27	個人のプライバシーにかかわるような質問は、_____に設けるほうがよい。	最後
28	1つの質問に2つ以上の論点が含まれていることを、_____という。	ダブルバーレル

Q	尺度水準	A
29	電話番号や血液型などのデータは_____尺度であり、_____を求めることができる。	名義／最頻値
30	階級や嗜好などのデータは_____尺度であり、_____を求めることができる。	順序／最頻値、中央値
31	知能指数や温度などのデータは_____尺度であり、_____を求めることができる。	間隔／最頻値、中央値、平均
32	身長や体重などのデータは_____尺度であり、_____を求めることができる。	比例／最頻値、中央値、平均、比例
33	_____尺度は、「当てはまる」「どちらともいえない」「当てはまらない」などというように多段階で程度を測定する選択肢で回答を求めるものである。	リッカート

Q	量的調査の種類	A
34	_____調査は、調査対象者を調査員が訪問して調査票を置いていき、調査対象者が記入した後で調査員が回収する方法である。	留置
35	集合調査の短所は、_____を代表しないことがあるなどである。	母集団
36	郵送調査は回収率が_____などの短所があるため、回収率を高めるための工夫が必要である。	低い

37 インターネット調査は、インターネット上で調査対象者を公募する場合、＿＿＿の偏りが生じるという短所がある。	代表性
38 ＿＿＿調査では、記入要領を理解した調査員が、調査対象者との面接で聞き取った内容を調査票に記入する。	訪問面接
39 電話調査は、電話で質問し、結果を調査者が質問紙に記入する調査で、質問数が＿＿＿調査に向いている。	少ない

Q 横断調査と縦断調査	A
40 ＿＿＿調査は、ある一時点で、複数の対象を横断的に比較調査する調査方法である。	横断
41 ＿＿＿調査は、特定の対象者を一定の時間間隔において繰り返し調査する調査方法である。	縦断
42 パネル調査における＿＿＿とは、第２回・第３回と回を重ねるごとに回答者数が減っていくことをいう。	パネルの摩耗

Q 記述統計量	A
43 ＿＿＿は、調査データが全体としてどれぐらい平均値から離れて散らばっているのかを表す指標の１つである。	標準偏差
44 データの出現率が一番多い値を、＿＿＿という。	最頻値
45 ２変数からなる３つ以上の点から直線までの距離が最も小さくなるように引いた直線を、＿＿＿直線という。	回帰
46 ２つの確率変数の間の相関を示す指標を、＿＿＿という。	相関係数（ピアソンの積率相関係数）

Q 量的調査のデータ解析	A
47 ＿＿＿集計は、２つ以上の変数に着目し集計分析を行う。	クロス
48 カイ２乗統計量は、＿＿＿と＿＿＿のずれを数値化したものである。	観測度数／期待度数
49 クロンバックのα係数は、複数の測定項目間に＿＿＿があるかどうかを調べるために用いられる。	内的整合性

50 t 検定は、2 つのグループの______を統計学的に検証する。	平均値の差
51 2 つの変数の間の疑似相関を検証するには、______係数を計算してみるのがよい。	偏相関
52 ______は、複数の異なる研究手法や理論などを併用し、1 つの方法によって得られた知見を別の方法によって確かめる。	トライアンギュレーション

Q データの視覚化	A
53 時系列で測定を行った結果のデータを図示するには、______を用いるのがよい。	折れ線グラフ
54 利用者のサービス満足度を 10 段階で評価する 5 つの指標を用いて測定した結果は、______を利用して図示するのがよい。	レーダーチャート
55 ______は、1 つの変数について、それぞれのカテゴリー（階級）に当てはまる度数をまとめた表である。	度数分布表

Q 質的調査の調査手法	A
56 ______インタビューは、個人史について比較的自由な会話に基づいてインタビューする。	ライフストーリー
57 ______インタビューは、ある目的に対する情報を収集するために集められた対象のグループに、面接形式でインタビューを行う。	フォーカス・グループ
58 ______法は、質的データを収集するインタビューや観察などと、量的データを収集する質問紙調査などを組み合わせて行う。	ミックス

Q 面接法	A
59 ______化面接は、質問形式や順序を自由に変えて質問する。	非構造
60 ______化面接は、事前に質問項目を一定数準備して行うが、対象者の自由な語りも重視する。	半構造

Q 観察法	A
61 観察法における______は、観察に徹して、その場の活動には参加しない。	完全な観察者

62 ＿＿＿観察法は、調査者自身が対象集団に入り込み内部から観察する。 — 参与

63 ＿＿＿観察法は、対象集団に規制を加えたり、観察場面、手段に工夫を加えて行う。 — 統制的

64 ＿＿＿では、調査者が調査対象者と協働して、問題解決も目指しつつ調査や実践を進める。 — アクションリサーチ

Q 質的調査のデータ整理と分析 A

65 インタビュー等において対象者が使っている言葉をそのままコードとして用いることを、＿＿＿コーディングという。 — インビボ

66 グラウンデッド・セオリー・アプローチでは、データ収集とコーディングを繰り返した後、これ以上新しい概念やカテゴリーが出てこないと判断される状態を、＿＿＿飽和という。 — 理論的

67 グラウンデッド・セオリー・アプローチにおける＿＿＿は、単一のカテゴリーと複数のサブカテゴリーを関連づける方法である。 — 軸足コーディング

68 KJ 法は、質的データの分析において主として、＿＿＿際に活用される。 — データをまとめる

69 ＿＿＿は、事例の置かれた社会的文脈や個別の局面、状況の詳細な理解を目的とする。 — 事例研究法

Q ソーシャルワークにおける評価 A

70 ＿＿＿法は、利用者を援助を受ける「実験群」と援助を受けない「統制群」に分け、援助実施前後の観察結果を比較する。 — 集団比較実験計画

71 ＿＿＿法は、単一事例の問題に対して、介入の効果を測定する。 — 単一事例実験計画（シングル・システム・デザイン）

ワンポイントアドバイス

「社会調査」は出題数の割に範囲が広く準備が難しい単元ですが、繰り返し出題されている事項も多いので頻出事項を押さえることが重要です。

5肢選択問題

Q1 社会的な問題を解決するために行われる調査はどれか。1つ選べ。

1. 社会踏査
2. 量的調査
3. アクション・リサーチ
4. ナラティヴアプローチ
5. KJ法

A 1

社会踏査は、貧困や犯罪、スラムなど、社会的な問題を解決するために行われる調査である。

Q2 統計法における基幹統計調査はどれか。1つ選べ。

1. 社会福祉施設等調査
2. 福祉行政報告例
3. 介護サービス施設・事業所調査
4. 労働安全衛生調査
5. 国民生活基礎調査

A 5

基幹統計は、国勢統計、国民経済計算、国民生活基礎調査など総務大臣が指定する特に重要な統計である。

Q3 全数調査と標本調査について正しいものはどれか。1つ選べ。

1. 標本調査の場合、測定誤差は生じない。
2. 無作為抽出による標本調査の場合、母集団の性質について統計的に推測できる。
3. 標本調査の場合、標本誤差は生じない。
4. 全数調査の場合、測定誤差は生じない。
5. 全数調査の場合、母集団から一部を取り出し、取り出した全員を対象に調査する。

A 2

1は測定誤差は生じる、3は標本誤差は生じる、4は測定誤差は生じる、5は母集団全員を調査する。

Q4 他計式で記入する社会調査はどれか。1つ選べ。

1. 郵送調査
2. 留置調査
3. 集合調査
4. インターネット調査
5. オペレーターによる電話調査

A 5

他計式の調査対象者から口頭で聞き取った内容を、調査員が記入する方法である。

Q5 前の質問が後の質問に影響を与えていることを何というか。1つ選べ。

1. ダブルバーレル
2. ステレオタイプ
3. イエステンデンシー
4. キャリーオーバー効果
5. フィルター効果

A 4

ダブルバーレルは1つの質問に2つの論点が含まれていること。ステレオタイプは特定の価値やニュアンスが含まれている用語のことである。

Q6 尺度基準について正しいものはどれか。1つ選べ。

1. 名義尺度は中央値を求めることができる。
2. 順序尺度は平均を求めることができる。
3. 間隔尺度は比例を求めることができる。
4. 比例尺度は最頻値を求めることができない。
5. 名義尺度よりも比例尺度のほうが情報量が多い。

A 5

情報量は、名義尺度＜順序尺度＜間隔尺度＜比例尺度の順に情報量が多くなる。

Q7 量的調査について正しいものはどれか。1つ選べ。

1. 電話調査は拒否されることはない。
2. 郵送調査は回収率がよい。
3. 留置調査は他計式の調査である。
4. 訪問面接調査は自計式の調査である。
5. 集合調査はバイアス（偏り）が生じることがある。

A 5

集合調査は、調査対象が限定され母集団を代表しているとは限らない。

Q8 横断調査と縦断調査について正しいものはどれか。1つ選べ。

1. 縦断調査とは、一時点のデータを収集する調査のことをいう。
2. 横断調査で得られたデータを、時系列データと呼ぶ。
3. 横断調査は、ある一時点での特定の市で実施する市民意識調査は含まれない。
4. パネル調査では、調査の回数を重ねるにつれてサンプル数が増加する。
5. パネル調査は、横断調査に比べて、因果関係を解明するのに適している。

A 5

1は横断調査、2は縦断調査、3は含まれる、4は減少する。

Q9 2つの異なったグループから得られたデータを用いて、その変数の平均値の差を検証するための分析方法はどれか。1つ選べ。

1. 相関係数の算出
2. 因子分析
3. リッカート法
4. 対応のあるt検定
5. カイ2乗検定

A 4

t検定は、通常2つのグループの平均値の差が偶然誤差の範囲内にあるかどうかを検証する手法である。

Q10 質的調査の方法はどれか。1つ選べ。

1. 多変量解析法
2. コホート調査
3. エスノグラフィー
4. 実験計画法
5. 折半法

A 3

1、2、4、5は量的調査である。

Q11 観察法について正しいものはどれか。1つ選べ。

1. 写真や音声などは、分析対象とはならない。
2. マジックミラーを使った観察を行ってはならない。
3. フィールドノーツは使用しないほうが望ましい。
4. 量的調査の手法を適用することは望ましくない。
5. 参与観察法において調査対象に同化し過ぎることは望ましくない。

A 5

参与観察法は、調査者自身が対象集団に入り込み、内部から観察する調査法である。

Q12 「1人の対象者に対して、介入前後の効果を測定する方法」はどれか。1つ選べ。

1. 断面的（cross-sectional）事例研究法
2. グランプリ調査法
3. メタ・アナリシス法
4. 集団比較実験計画法（集団比較実験デザイン）
5. 単一事例実験計画法（シングル・システム・デザイン）

A 5

基礎線期（ベースライン期）と介入期（インターベンション期）における利用者の問題（目標）の変化を評価する。

過去問にチャレンジ！

Q **第36回問題89　調査手法としての面接法に関する次の記述のうち、最も適切なものを１つ選びなさい。** B

1. 構造化面接では、対象者に語りたいことを自由に話してもらうことが重要である。
2. 非構造化面接では、調査者は事前に10項目以上の質問項目と質問の順番を設定し、その順番どおりに質問していく必要がある。
3. 半構造化面接では、インタビューのおおむね半分程度の時間を、質問内容や質問の順番などが詳細に決められた質問紙によって面接が進められる。
4. 面接調査では、表情や身振りといった非言語表現も重視する。
5. グループ･インタビューの調査者は、対象者同士の会話を促さないようにする。

A　4

1　×　自由に話してもらうのは、「非構造化面接」の特徴である。

2　×　順番どおりに質問していくのは、「構造化面接」の特徴である。

3　×　半構造化面接は、事前に決めた質問に加えて自由に質問をする手法である。

4　○

5　×　グループ・インタビューでは、対象者に自由に発言してもらう。

Q **第35回問題88　質問紙を作成する際の留意点に関する次の記述のうち、最も適切なものを 1 つ選びなさい。** B

1. 回答者の理解を促進するため、ワーディングはできるだけ多くの専門用語を用いることが望ましい。

2. 回答者の回答を容易にするため、一つの質問に複数の論点を含む質問文を作成することが望ましい。

3. 配布した質問紙の回収後の集計作業を効率的に行うため、自由回答法を多く用いることが望ましい。

4. 選択肢法を用いる場合は、想定される回答を網羅するため、選択肢の内容が相互に重複していることが望ましい。

5. 作成した質問紙の構成や内容が適切かを検討するため、プリテストを実施することが望ましい。

A　5

1　×　専門用語はできるだけ少なくする。

2　×　ダブルバーレルは望ましくない。

3　×　自由回答法は集計が効率的に行えない。

4　×　重複しないほうが望ましい。

5　○

第5章

まとめて整理

26

第５章　まとめて整理

歴史・海外・人名

C
★☆☆

出題傾向

	項　目	主に出題される科目	第37回試験予想出題数	出題内容
72	**歴史**	④社会福祉の原理と政策 ⑤社会保障 ⑦地域福祉と包括的支援体制 ⑧障害者福祉 ⑬高齢者福祉 ⑭児童・家庭福祉 ⑮貧困に対する支援	**3**	○児童福祉の歴史 ○障害者福祉の歴史 ○高齢者福祉の歴史 ○社会保険の歴史
73	**諸外国の歴史と社会保障**	④社会福祉の原理と政策 ⑤社会保障 ⑰ソーシャルワークの基盤と専門職（専門）	**1**	○諸外国における社会保障制度
74	**人名**	③社会学と社会システム ④社会福祉の原理と政策 ⑩ソーシャルワークの基盤と専門職 ⑪ソーシャルワークの理論と方法	**2**	○社会学に関連する人名 ○社会福祉に関連する人名 ○ソーシャルワークに関連する人名

人名と実績の組み合わせ問題や日本の福祉施策の歴史、海外の社会保障や歴史について出題されます。細かい内容も出題されることがあり難易度が高い単元となっています。

『国試ナビ2025』
P.374～P.388 参照

穴埋め問題

Q　児童福祉の歴史	A
❶ 旧児童虐待防止法は______年に制定され、現行児童虐待防止法は______年に制定された。	1933（昭和 8）／2000（平成 12）
❷ ______年に、児童福祉法が公布された。	1947（昭和 22）
❸ ______年に母子福祉法が公布され、1982（昭和 57）年に母子及び寡婦福祉法へ改正、______年に母子及び父子並びに寡婦福祉法に改正された。	1964（昭和 39）／2014（平成 26）
❹ ______年に、こども施策を総合的に推進することを目的に、こども基本法が施行された。	2023（令和 5）

Q　高齢者福祉の歴史	A
❺ ______年に制定された老人福祉法により、軽費老人ホームが規定された。	1963（昭和 38）
❻ ______年の「福祉元年」に老人医療費支給制度を実施して、70 歳以上の医療費を無料にした。	1973（昭和 48）
❼ ______年の老人保健法により、市町村による 40 歳以上の者に対する医療以外の保健事業（健康教育、健康診査、訪問指導など）の実施が規定された。	1982（昭和 57）
❽ ______年の老人保健法改正により、老人保健施設が創設された。	1986（昭和 61）
❾ ______年の医療制度改革で、高齢者医療制度が創設された。	2006（平成 18）

Q　障害者福祉の歴史	A
❿ ______年に身体障害者福祉法が制定され、国に身体障害者更生援護施設の設置が義務づけられた。	1949（昭和 24）
⓫ ______年の精神衛生法は、精神障害者の私宅監置を廃止した。	1950（昭和 25）
⓬ ______年に障害者雇用促進法が制定された。	1960（昭和 35）

⑬ _____年に精神薄弱者福祉法から知的障害者福祉法に名称が変更された。	1998（平成 10）
⑭ _____年に障害者自立支援法が制定された。	2005（平成 17）
⑮ _____年の障害者差別解消法では、「障害者」について、障害者基本法と同様の定義がなされた。	2013（平成 25）
⑯ 日本は、障害者の権利に関する条約を 2007（平成 19）年に署名し、_____年に批准した。	2014（平成 26）

Q　社会保険の歴史	A
⑰ 最初に実施された公的医療保険制度の健康保険法（1922（大正 11）年）により、_____が適用対象となった。	ブルーカラーの労働者
⑱ _____年に国民皆保険・皆年金制度が実現した。	1961（昭和 36）
⑲ _____年 1 月より、基礎年金番号が導入された。	1997（平成 9）

Q　イギリス	A
⑳ _____法（1601 年）により、救済の対象者を、労働能力の有無により分類し、教区ごとの救貧行政が実施された。	エリザベス救貧
㉑ _____法（1782 年）により、労働能力のある貧民に対して、労役場以外の場である在宅での救済を認めた。	ギルバート
㉒ _____法（1834 年）は、劣等処遇の原則を導入し、救貧の水準を自活している最下層の労働者の生活水準よりも低いものとした。	新救貧
㉓ _____協会（1869 年）は、慈善活動を組織化するとともに友愛訪問を実施し、ソーシャルワークの形成に大きな影響を与えた。	慈善組織
㉔ _____法（1911 年）は、健康保険と失業保険から成るものとして創設された。	国民保険
㉕ イギリスの_____報告（1942 年）では、窮乏、疾病、無知、不潔、無為という 5 つの巨大悪への攻撃に対する社会保障政策を構想した。	ベヴァリッジ

Q	A
㉖ ______報告（1982 年）は、コミュニティを基盤としたカウンセリングと社会的ケア計画を統合した実践であるコミュニティソーシャルワークを提唱した。	バークレイ
㉗ イギリスには、医療サービスを税財源により提供する______の仕組みがある。	国民保健サービス（NHS）

Q スウェーデン	A
㉘ ______改革は、高齢者の保健医療はランスティング（現・レギオン）、介護サービスはコミューンが実施責任を負うとする改革であった。	エーデル

Q アメリカ	A
㉙ コイト（Coit, S.）が創設した______は、アメリカにおける最初のセツルメントであった。	ネイバーフット・ギルト
㉚ アダムス（Addams, J.）は、シカゴに______を開設し、セツルメント運動を展開した。	ハル・ハウス
㉛ アメリカは、1935 年に______で、世界で初めて社会保障という言葉を用いた。	社会保障法
㉜ アメリカの医療保険は、高齢者は______、低所得者は______がある。	メディケア／メディケイド

Q フランス	A
㉝ フランスの医療保険は、______ごとに強制加入の多数の制度があり、国民はいずれかの医療保険制度に加入する。	職域

Q ドイツ	A
㉞ ドイツでは、19 世紀の末に世界で最初に______が制度化された。	社会保険
㉟ ドイツの介護保険制度では、公的医療保険の加入者が______被保険者となる。	年齢にかかわらず
㊱ ドイツの介護保険は、介護給付に介護サービスの「現物給付」や______などがある。	介護手当としての「現金給付」

Q 韓国	A
㊲ 韓国の高齢者の介護保障（長期療養保障）制度は、原則として_____方式で運用されている。	保険

Q ソーシャルワークの領域で出題頻度が高い人物	A
㊳ _____は、生活モデルを生み出し、エコロジカルアプローチを提唱した。	ジャーメイン（Germain, C.）
㊴ _____は、ケースワークの構成要素（6つのP）をあげ、問題解決アプローチを提唱した。	パールマン（Perlman, H.）
㊵ _____は、「人」「状況」「人と状況の相互作用」の三重の相互関連性を説いた。	ホリス（Hollis, F.）
㊶ _____は、ケースワークの母と呼ばれ、『社会診断』『ソーシャル・ケースワークとは何か』を著した。	リッチモンド（Richmond, M.）
㊷ _____は、価値、知識、介入が社会福祉に共通する要素と提唱した。	バートレット（Bartlett, H.）
㊸ _____は、エンパワメントアプローチを提唱した。	ソロモン（Solomon, B.）
㊹ _____は、個人と社会の関係は共生的な相互依存関係であるとし、ソーシャルワーカーの媒介機能を重視する相互作用モデルを展開した。	シュワルツ（Schwartz, W.）
㊺ _____は、課題中心アプローチを開発した。	リード（Reid, W.）とエプスタイン（Epstein, L.）

Q 社会福祉や社会学の領域で出題頻度が高い人物	A
㊻ _____は、ドイツの社会学者で、正統的支配をカリスマ的支配、伝統的支配、合法的支配の類型に整理した。	ヴェーバー（Weber, M.）
㊼ _____は、『社会分業論』において、同質的な個人が並列する「機械的連帯」と、異質な個人の分業による「有機的な連帯」の連帯概念を提示した。	デュルケム（Durkheim, E.）

48 ＿＿＿は、コミュニティ解放論において、現代社会ではコミュニティが地域という空間に限定されない形で展開されるとした。	ウェルマン (Wellman, B.)
49 ＿＿＿は、『産業民主制論』の中で、産業効率の向上の視点からナショナル・ミニマムを提唱した。	ウェッブ夫妻 (Webb, S. & B.)
50 ＿＿＿は、1942 年に「社会保険及び関連サービス」（ベヴァリッジ報告）と題された報告書を発表した。	ベヴァリッジ (Beveridge, W.)

Q　日本人で出題頻度が高い人物	A
51 ＿＿＿は、わが国最初の孤児院（岡山孤児院）を創設した。	石井十次
52 ＿＿＿は、社会関係の主体的側面に焦点を当てた社会福祉固有の視点と領域を提起した。	岡村重夫
53 ＿＿＿は、非行少年の教護事業を目的とした家庭学校を設立した。	留岡幸助
54 ＿＿＿は、政策範疇としての社会福祉へのアプローチの方法として、ニード論や供給体制論を展開した。	三浦文夫
55 ＿＿＿は、日本で初めて知的障害者教育施設（滝乃川学園）を立ち上げた。	石井亮一
56 ＿＿＿が創設した東京神田のキングスレー館は、日本におけるセツルメント活動の萌芽となった。	片山潜
57 ＿＿＿は、著書『ケース・ウォークの理論と実際』において、アメリカの援助技術について論じた。	竹内愛二
58 ＿＿＿は、貧困家庭の子ども等に幼児教育を行うために、二葉幼稚園を設立した。	野口幽香

ワンポイントアドバイス

「歴史問題」「人名問題」は重箱の隅をつつく問題も多く、準備が難しい単元です。時間のない方は、出題数が多いものから押さえていきましょう。

5肢選択問題

Q1 法律と法律が公布された年の組み合わせのうち正しいものはどれか。1つ選べ。

1. 身体障害者福祉法 ・・・・・ 1960（昭和35）年
2. 知的障害者福祉法 ・・・・・ 1949（昭和24）年
3. 老人福祉法 ・・・・・・・・・ 1963（昭和38）年
4. 児童福祉法 ・・・・・・・・・ 1964（昭和39）年
5. 母子・父子・寡婦福祉法 ・・ 1947（昭和22）年

A 3

1は1949（昭和24）年、2は1960（昭和35）年、4は1947（昭和22）年、5は1964（昭和39）年

Q2 法律と法律が公布された年の組み合わせのうち正しいものはどれか。1つ選べ。

1. 健康保険法 ・・・・・・・・・ 1947（昭和22）年
2. 労災保険法 ・・・・・・・・・ 1922（大正11）年
3. 雇用保険法 ・・・・・・・・・ 1959（昭和34）年
4. 介護保険法 ・・・・・・・・・ 1997（平成9）年
5. 国民年金法 ・・・・・・・・・ 1961（昭和36）年

A 4

1は1922（大正11）年、2は1947（昭和22）年、3は1974（昭和49）年、5は1959（昭和34）年

Q3 次の組み合わせのうち正しいものはどれか。1つ選べ。

1. アメリカ ・・・・・・・・・ 疾病金庫
2. ドイツ ・・・・・・・・・ 国民保健サービス（NHS）
3. スウェーデン ・・・・・・・ エーデル改革
4. イギリス ・・・・・・・・・・ メディケア
5. フランス ・・・・・・・・・・ エルバーフェルト制度

A 3

疾病金庫、エルバーフェルト制度はドイツ、国民保健サービス（NHS）はイギリス、メディケアはアメリカである。

Q4 「ソーシャルケースワークとは何か」を著したのは誰か。1つ選べ。

1. ジャーメイン（Germain, C.）
2. ニューステッター（Newstteter, W.）
3. バートレット（Bartlett, H.）
4. パールマン（Perlman, H.）
5. リッチモンド（Richmond, M.）

A 5

リッチモンドは、ケースワークの母と呼ばれ、「社会診断」や「ソーシャルケースワークとは何か」を著した。

過去問にチャレンジ！

Q

第36回問題57　**障害者福祉制度の発展過程に関する次の記述のうち、最も適切なものを１つ選びなさい。** A

1. 1949 年（昭和 24 年）に制定された身体障害者福祉法では、障害者福祉の対象が生活困窮者に限定された。

2. 1987 年（昭和 62 年）に精神衛生法が精神保健法に改正され、保護者制度が廃止された。

3. 2004 年（平成 16 年）に改正された障害者基本法では、障害者に対する差別の禁止が基本理念として明文化された。

4. 2005 年（平成 17 年）に制定された障害者自立支援法では、利用者負担は所得に応じた応能負担が原則となった。

5. 2011 年（平成 23 年）に障害者基本法が改正され、法律名が心身障害者対策基本法に改められた。

A　3

1　×　生活困窮者に限定されない。

2　×　保護者制度が廃止されたのは、2013（平成 25）年である。

3　○

4　×　障害者自立支援法では、「応益負担」が原則となった。

5　×　1993（平成 5）年に、心身障害者対策基本法から障害者基本法に改められた。

資料編

入れ替え問題対策

問題作成の過程

○一般的な問題作成の過程

問題作成の一般的な流れ

正解の文章
→「正しい」問題 → ①そのまま正解の問題として使用する
②100％正解にするためにより曖昧な表現にする
→「誤り」問題 → ①巧妙に一部の語句を入れ替える
②文章を汚してしまう

問題作成の一般的な流れは、まず「正解の文章」をもとに、「正しい」問題にするのか、「誤り」問題にするのかを決定します。「誤り」問題にする方法は、大きくわけて次の２つのパターンに分かれています。

			特徴
①一部の語句を「入れ替える」問題	1	実施主体（市町村・都道府県など）	「市町村」「都道府県」「国」「社会福祉協議会」など実施主体を入れ替える
	2	法律	「介護保険法」「老人福祉法」「地域保健法」など法律を入れ替える
	3	年齢	「18歳」「20歳」「65歳」「75歳」など年齢を入れ替える
	4	数字	「～号」「～型」「～年」「～類」「～％」など数字を入れ替える
	5	個数	「２つ」「３種類」など個数を入れ替える
	6	頻度・程度	「上昇」「高い」「多い」など頻度や程度を入れ替える
	7	比較・順序	「～より～」など比較や順序を入れ替える
	8	義務・努力規定	しなければならない義務規定や努力規定などを入れ替える
	9	固有名詞	「一般会計⇔特別会計」など対になる固有名詞を入れ替える
②正解の文章を「汚す」問題	10	ある⇔ない	肯定形を否定形に変える。又は否定形を肯定形に変える
	11	強調・断定・限定	「～のみ」「常に～」など、他の要素を排除する表現などにする
	12	「利用者」を大切にしない	利用者よりも「家族」や「社会福祉士」など他の人を優先する

○正しいものを 1 つ選ぶ問題の例

正解の文章

正解の文章を
そのまま使用している
「2 番」が正解！

問題　介護保険制度に関する次の記述のうち、正しいものを 1 つ選びなさい。

正解の文章		問題
1 介護保険の収入及び支出に関する特別会計の設置は、市町村及び特別区の「必須」とされている。	①入れ替え	1 介護保険の収入及び支出に関する特別会計の設置は、市町村及び特別区の「任意」とされている。
2 第 2 号被保険者は、年齢要件のほかに、市町村又は特別区の区域内に住所を有する医療保険に加入する者となっている。		2 第 2 号被保険者は、年齢要件のほかに、市町村又は特別区の区域内に住所を有する医療保険に加入する者となっている。
3 市町村又は特別区は、被保険者から「更新又は変更」の要介護認定の申請があったときは、その調査を居宅介護支援事業者等に委託できることとされている。	①入れ替え	3 市町村又は特別区は、被保険者から「新規」の要介護認定の申請があったときは、その調査を居宅介護支援事業者等に委託できることとされている。
4 第 2 号被保険者のうち要介護者又は要支援者として認定を受けることができる特定疾病として、「16」の疾病が指定されている。	①入れ替え	4 第 2 号被保険者のうち要介護者又は要支援者として認定を受けることができる特定疾病として、「5」の疾病が指定されている。
5 市町村又は特別区は、その一般会計において、介護給付及び予防給付に要する費用の「8 分の 1」に相当する額を負担する。	①入れ替え	5 市町村又は特別区は、その一般会計において、介護給付及び予防給付に要する費用の「3 分の 1」に相当する額を負担する。

①の入れ替え問題に対応するには、「確実な知識」が必要です。特に入れ替えやすい「数字」「義務・努力規定」や「固有名詞」などをしっかりと整理しましょう！

○適切なものを 2 つ選ぶ問題の例

正解の文章

正解の文章を
そのまま使用している
「1 番、5 番」が正解！

問題　N 市社会福祉協議会の M 職員（社会福祉士）の対応として、適切なものを 2 つ選びなさい。

1	近隣の住民に声をかけ、避難行動要支援者と一緒に避難訓練を行う。	→	1	近隣の住民に声をかけ、避難行動要支援者と一緒に避難訓練を行う。
2	災害発生に備えて、避難行動要支援者名簿を「消防機関、民生委員、社会福祉協議会、自主防衛組織」などに配布する。	→ ②文章を汚す	× 2	災害発生に備えて、避難行動要支援者名簿を「地域の全戸」に配布する。
3	災害発生に備えて、避難行動要支援者を訪問して、避難所までの経路や避難支援方法を「確認する」。	→ ②文章を汚す	× 3	「自力で避難できるよう」、避難行動要支援者を個別に訪問して「指導する」。
4	避難支援等関係者による支援が困難な場合は、無理な活動は行わず、公的機関へ援助「要請する」ようにする。	→ ②文章を汚す	× 4	避難支援等関係者よりも、避難行動要支援者の安全確保を「最優先」するよう関係者に「指示する」。
5	避難支援等関係機関と一緒に福祉避難所を確認する機会をもつ。	→	5	避難支援等関係機関と一緒に福祉避難所を確認する機会をもつ。

②の文章を汚す問題に対応するには、汚し方のパターン（黄金の法則）を身につけると、誤りの根拠を早く発見できるかもしれません。事例問題の「推論型」に多くみられます。

② 数字編

1	1年	雇用保険の受給期間は、原則として離職の日の翌日から1年間
	1号	年金制度は「自営業者、学生等」、介護保険は「65歳以上」
	1歳	1歳に満たないものは「乳児」、育児休業期間は原則「1歳まで」
	1割	「介護保険（一定以上所得者を除く）」「75歳以上（一定以上所得者を除く）の療養の給付」の負担割合
	1類	生活扶助費の第1類は、年齢別の「個人」の経費
	1種	第1種社会福祉事業は、入所施設や共同募金
	1か月	「再審査請求」は、裁決があったことを知った日の翌日から1か月以内
1.2	1歳2か月	パパ・ママ育休プラスは、子どもが1歳2か月になるまで
1.5	1年6か月	健康保険の傷病手当金の支給期間は、通算して1年6か月
		労災保険の傷病補償年金は、療養を開始して1年6か月を経過した日に治癒していない場合に支給
		市町村は、1歳6か月児健康診査を実施する
2	2年	診療報酬の改定は原則2年に一度、後期高齢者医療の保険料は2年毎に見直し
		「介護認定審査会の委員」「保護司」の任期は、原則2年
	2級	障害「基礎」年金は、1級～2級
	2号	年金制度は「被用者」、介護保険は「40～65歳未満の医療保険加入者」
	2割	「義務教育就学前まで」「70歳以上75歳未満（現役並み所得者を除く）」の療養の給付の負担割合、「合計所得160万円以上220万円未満で一定の要件を満たす者」の介護保険の負担割合
	2類	生活扶助費の第2類は、「世帯」の経費
	2種	第2種社会福祉事業は、「センター」「事業」など在宅サービスが多い
	2次	労災保険には、二次健康診断等給付がある
2.5	2.5%	「民間企業」の障害者の法定雇用率は、2.5%

2.8	2.8%	「公的機関」の障害者の法定雇用率は、2.8%（教育委員会は2.7%）
3	3年	「介護保険事業計画」「障害福祉計画」は、3年を一期とする計画
		雇用保険の教育訓練給付金は、被保険者期間が原則3年以上（初回は1年）の者が対象
		「民生委員」の任期は、3年
		障害支援区分の有効期間は、原則3年
	3級	障害「厚生」年金は1級〜3級、「精神障害者保健福祉手帳」の等級は1級〜3級
	3号	年金制度の2号被保険者に扶養されている配偶者
	3割	「義務教育就学後〜70歳未満」「70歳以上で『現役並み所得者』」の療養の給付の負担割合、「合計所得220万円以上で一定の要件を満たす者」の介護保険の負担割合
	3歳	市町村は、3歳児健康診査を実施する
	3か月	「審査請求」の期間は、処分があったことを知った日の翌日から3か月以内
4	4疾患	特定疾患治療研究事業の公費負担助成の対象は4疾患
5	5年	「子ども・子育て支援事業計画」「行動計画」は、5年を一期とする計画
		「介護支援専門員証」の有効期間は、5年
	5日	「子の看護休暇」制度、「介護休暇」制度は、年5日（2人以上は10日）を限度として取得可能
	5万円	健康保険の「埋葬料」の金額
	5号	保護観察の種類は、1号〜5号
	5類	感染症法の感染症の分類は、1類〜5類
6	6区分	障害支援区分は、区分1〜区分6
	6年	介護保険、障害者総合支援法の指定事業者の有効期間、生活保護法による指定医療機関の有効期間は、6年
		「医療計画」「医療費適正化計画」は、原則6年を一期とする計画
	6か月	介護保険の「新規・変更」認定の有効期間は、原則6か月以内（12か月まで延長可）
	6級	身体障害者手帳の「等級」は、1級〜6級

7	7級	労災保険の障害（補償）「年金」の障害等級は1級〜7級、身体障害者手帳の「等級表」は1級〜7級
	7区分	要介護・要支援認定は、要支援1〜要介護5の7区分
8	8種類	生活保護の種類は、8種類（出産、教育、生業、住宅、生活、医療、介護、葬祭）
10	10万円	特定福祉用具の支給限度基準額は、年間10万円
	10月	共同募金の実施期間は、10月〜翌3月
		生活扶助の冬季加算は、10月〜翌4月（都道府県で異なる）
	10年	老齢基礎年金の受給要件は、保険料納付済期間と保険料免除期間等を合わせた期間が10年以上
12	12か月	雇用保険の基本手当の受給要件は、離職日以前2年間に12か月以上の被保険者期間
		要支援・要介護認定「更新」認定の有効期間は、原則12か月（48か月まで延長可）
	12歳	少年院の入所年齢は、「おおむね」12歳以上
	12時間	精神保健指定医「以外」の医師（特定医師）の診察で、12時間を限度に退院制限できる
12.5	12.5%	介護保険財源の「市町村」、居宅給付費・介護予防・日常生活支援総合事業の「都道府県」の負担割合
14	14級	労災保険の障害（補償）「一時金」の障害等級は、8級〜14級
	14日	生活保護制度では、申請から14日以内に保護の要否などの決定を通知しなければならない
	14歳	少年法における「犯罪少年」の年齢は、14歳以上20歳未満
16	16種類	介護保険の「特定疾病」の種類は、16種類
17.5	17.5%	介護保険財源の施設等給付費の「都道府県」の負担割合
18	18万円	「介護保険」「後期高齢者医療」の保険料は、年金額が18万円以上の人は特別徴収
	18歳	児童福祉法における「児童」は、満18歳に満たない者
		成人は満18歳以上、選挙権は満18歳以上
	18人	地域密着型通所介護の定員は、18人以下

20	20歳	少年法における「少年」は20歳未満（18歳、19歳は特定少年）
	20時間	雇用保険の被保険者の要件の1つは、週20時間以上勤務する人
		短時間労働者の社会保険（厚生年金保険・健康保険）の加入要件は、所定労働時間が週20時間以上
	20万円	介護保険の「住宅改修費」の支給限度基準額は、20万円
	20床	病院は20床以上、診療所は19床以下
	20万人	中核市は、地方自治法上人口20万人以上
	20分野	特定非営利活動法人（NPO）の活動の種類は、20分野
29	29人	介護保険の「地域密着型」特定施設・介護老人福祉施設・小規模多機能型居宅介護の定員は、29人以下
30	30万円	社会福祉士の秘密保持義務違反は1年以下の懲役又は30万円以下の罰金、名称使用独占違反は30万円以下の罰金
31	31日	雇用保険の被保険者の要件の1つは、31日以上雇用継続予定の人
32	32等級	厚生年金の保険料の等級は、1等級～32等級
40	40歳	介護保険の第2号被保険者は40歳～65歳の医療保険加入者、特定健康診査は40歳以上が対象
	40人	40人以上の民間企業は、障害者の雇用状況の報告義務と補助犬の受け入れ義務
50	50日	生活保護制度では、「審査請求の裁決」は50日以内（諮問をする場合70日以内）
	50%	「育児休業給付金（181日以降）」は、休業前賃金の50%を支給
	50万人	政令指定都市は、地方自治法上人口50万人以上
	50等級	健康保険の保険料の等級は、1等級～50等級
	50万円	出産育児一時金の金額は、1児につき50万円（産科医療制度加入）
60	60歳	軽費老人ホーム、有料老人ホーム、シルバー人材センターなどの対象年齢は、おおむね60歳以上
		国民年金の保険料納付期間は、20歳以上60歳未満
65	65歳	特別養護老人ホーム・養護老人ホームの入所対象年齢は、原則65歳以上
		介護保険の第1号被保険者は、65歳以上
		高齢者虐待防止法の高齢者の定義は、65歳以上

67	67%	「育児休業給付金（180 日まで）」「介護休業給付金」は、休業前賃金の 67%を支給
70	70 日	生活保護制度では、「再審査請求の裁決」は 70 日以内
	70 歳	厚生年金の被保険者は、70 歳未満
72	72 時間	精神保健指定医の診察で、72 時間を限度に退院制限できる
74	74 項目	要介護認定における調査項目は、74 項目
75	75 歳	後期高齢者医療の対象年齢は、原則 75 歳以上（65 歳以上の障害認定者も含む）
80	80 項目	障害支援区分における調査項目は、80 項目
93	93 日	介護休業を取得できる期間は、対象家族 1 人あたり通算して 93 日（3 回まで分割取得可）
100	100 人	従業員 100 人を超える事業主は、一般事業主行動計画の策定義務
130	130 万円	年金、医療保険制度における被扶養者の年収の上限は、130 万円未満
150	150 万円	厚生年金の標準賞与額の上限は、150 万円
341	341 疾病	医療費助成の対象の指定難病は、341 疾病
369	369 疾病	障害者総合支援法の対象疾病（難病等）は、369 疾病
1 未満	4 分の 1	公費負担における「都道府県」、「市町村」の負担割合（生活保護等を除く）は 4 分の 1 が多い
	2 分の 1	公費負担における「国」の負担割合（生活保護等を除く）
	3 分の 1	「児童扶養手当」の国の負担割合。「財政安定化基金」の国・都道府県・市町村の各負担割合
	3 分の 2	「傷病手当金」「出産手当金」の支給額は、標準報酬日額の 3 分の 2 ×日数
		障害（遺族）基礎年金の支給要件は、保険料納付済期間が 3 分の 2 以上
	4 分の 3	公費負担における「国」の負担割合（生活保護等）
		遺族厚生年金の年金額は、報酬比例年金額の 4 分の 3

③ 資料編　入れ替え問題対策

義務規定、任意規定編

福祉計画	地域福祉計画	都道府県、市町村（努力義務）
	老人福祉計画	都道府県、市町村（義務）
	障害者計画	都道府県、市町村（義務）
	介護保険事業計画	都道府県、市町村（義務）
	障害福祉計画	都道府県、市町村（義務）
	障害児福祉計画	都道府県、市町村（義務）
	子ども・子育て支援計画	都道府県、市町村（義務）
	健康増進計画	都道府県（義務）、市町村（努力義務）
	医療計画	都道府県（義務）
	行動計画	都道府県、市町村（任意）、従業員 100 人を超える事業主（義務）
専門職	児童福祉司	児童相談所（義務）
	身体（知的）障害者福祉司	身体（知的）障害者更生相談所（義務） 福祉事務所（任意）
	精神保健福祉相談員	精神保健福祉センター等（任意）
	社会福祉主事	福祉事務所（義務） 福祉事務所設置町村以外の町村（任意）
高齢者医療確保法	特定健診	医療保険者（義務）、高齢者医療広域連合（努力義務）
生活保護	被保護者	「生活上の義務」「届出の義務」など（義務）
ホームレス	ホームレス	ホームレスは、自らの自立に努める（努力義務）
	国民	国民はホームレスの自立の支援等に努める（努力義務）
障害者福祉	バリアフリー新法	市町村の「基本構想」の作成（任意）
	補助犬法	従業員 40 人以上の事業所（義務） 民間住宅を管理する者（努力義務）
	雇用促進法	従業員 40 人以上の民間企業は、毎年障害者雇用状況を報告（義務）
虐待	高齢者虐待	生命又は身体に重大な危険（通報義務） 虐待を受けたと思われる（通報努力義務）
	児童、障害者虐待	虐待を受けたと思われる（通報義務）
	DV	暴力を受けている（通報努力義務）

男女編

単元	項目	男	女
データ	人口	6080 万人	6420 万人
	平均寿命	81 歳	87 歳
	ひとり暮らし高齢者		○
	高齢者（障害者）被虐待者		○
	高齢者（障害者）に虐待している養護者	息子（父）	
	成年後見制度（被後見人）		○
	育児休業取得者割合	17.13%	80.2%
	要介護高齢者の介護者	35%	65%
	自殺	1.5 万人	0.7 万人
	民生委員	9 万人	14 万人
	保護司	3.4 万人	1.2 万人
疾病等	メタボリックシンドローム	○	
	生活習慣病（がん・脳血管疾患など）	○	
	がん（死因）	肺がん	大腸がん
	血管性認知症	○	
	アルツハイマー型認知症		○
	骨粗鬆症		○
	関節リウマチ		○
	統合失調症	○	○
	うつ病		○
	発達障害（自閉症、ADHD など）	○	
	前立腺肥大症	○	
	伴性劣性遺伝	○	
社会学	役割	手段的	表出的
	労働曲線	台形	M字型
	婚姻	18 歳以上	18 歳以上
	母子・父子世帯数	15 万世帯	120 万世帯
制度	児童扶養手当・遺族年金	父子	母子

⑤ 資料編　入れ替え問題対策

文章を汚す問題対策（黄金の法則）

黄金の法則は、主に「推論型」の問題で活用できることが多いようです。事例問題などを「早く」「正確に」解くためには多くの問題を解き、○に多い表現、×に多い表現に慣れるとよいかもしれません。

<table>
<tr><th>黄金の法則</th><th>表現</th><th>表現例</th></tr>
<tr><td rowspan="2">
美しさの法則

表現の法則

利用者は神様の法則</td><td>○
プラスイメージの表現
あいまいな表現
利用者を大切にしている表現</td><td>『～配慮する』
『～を検討する』
『～は大切である』
『～のことがある』
『～の１つである』
『～などがある』
『～を提案する』
『～を観察する』
『利用者の同意を得て～』
等</td></tr>
<tr><td>×
マイナスイメージの表現
過剰・くどい・断定表現
利用者を大切にしていない表現</td><td>『～できない』
『～を排除する』
『～の必要はない』
『～のみ～』
『いかなる場合でも～』
『常に～』
『説得する』
『社会福祉士のみの判断で～』
『利用者を訂正する』
等</td></tr>
</table>

編集元紹介

いとう総研資格取得支援センター

福岡県内を中心に「ITO 方式」という独自の学習方法で、社会福祉士、精神保健福祉士、介護福祉士、介護支援専門員試験などの DVD 講座、ネット配信講座、通学講座で毎年多くの合格者を輩出している。

⇒令和 6 年度のいとう総研主催社会福祉士受験対策講座はホームページに掲載しています。

いとう総研ホームページ　https://www.itosoken.com/

WEB 講座〈別売〉のご案内

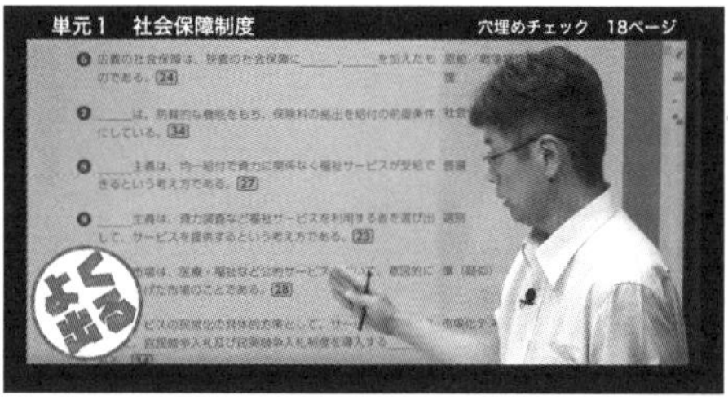

- 著者が解説する WEB 講座「見て覚える！ 社会福祉士国試ナビ 2025」で理解を深める

- 『国試ナビ』と本書を元にポイントを解説！
- チャプターで気になる単元の講義をすぐに視聴できるので効果的！
- 「よく出る」マークで試験に出るところが押さえられる！

WEB 講座の専用ページはこちら▶
最新情報が随時更新されます
WEB 講座は 2024 年 9 月リリース予定

https://chuohoki.socialcast.jp/contents/category/socialito

■本書に関する訂正情報等について

弊社ホームページ（下記 URL）にて随時お知らせいたします。
https://www.chuohoki.co.jp/foruser/social/

■本書へのご質問について

下記の URL から「お問い合わせフォーム」にご入力ください。
https://www.chuohoki.co.jp/contact/

書いて覚える！
社会福祉士国試ナビ穴埋めチェック 2025

2024 年 7 月 20 日　発行

編　集　いとう総研資格取得支援センター
発行者　荘村明彦
発行所　中央法規出版株式会社
〒 110-0016　東京都台東区台東 3-29-1 中央法規ビル
TEL 03-6387-3196
https://www.chuohoki.co.jp/

本文デザイン　株式会社ジャパンマテリアル
装幀デザイン　木村祐一、濱野実紀（株式会社ゼロメガ）
装幀キャラクター　坂木浩子
印刷・製本　サンメッセ株式会社

ISBN 978-4-8243-0044-7
定価はカバーに表示してあります。

A044